LA GUÍA ROSE DE LOS
EVANGELIOS

ROSE
ESPAÑOL

La guía Rose de los Evangelios
©2024 Rose Publishing, LLC
Todos los derechos reservados.
Publicado por Rose Publishing Español
Un sello editorial de Tyndale House Ministries
Carol Stream, Illinois, EE. UU.
www.hendricksonrose.com

ISBN 978-1-4964-8371-3

Originalmente publicado en inglés en el 2019 como *Rose Guide to the Gospels* por Rose Publishing con ISBN 978-1-62862-811-1.

Las citas bíblicas sin otra indicación han sido tomadas de la *Santa Biblia*, Nueva Traducción Viviente, © 2010 Tyndale House Foundation. Usada con permiso de Tyndale House Publishers, 351 Executive Dr., Carol Stream, IL 60188, Estados Unidos de América. Todos los derechos reservados.

Las citas bíblicas indicadas con RVR60 han sido tomadas de la versión Reina-Valera 1960® © Sociedades Bíblicas en América Latina, 1960. Renovado © Sociedades Bíblicas Unidas, 1988. Usada con permiso. Reina-Valera 1960® es una marca registrada de las Sociedades Bíblicas Unidas y puede ser usada solo bajo licencia.

Autores contribuidores: Len Woods (capítulos 1, 2 y 4); Aaron Clay y Lisa Harlow Clay (capítulo 5); el capítulo 6 ha sido adaptado de *Evidencias de la resurrección* (Rose Publishing, 2017) © Rose Publishing, Inc; el capítulo 7 es un extracto de *How We Got the Bible* (Cómo obtuvimos la Biblia) por Timothy Paul Jones (Rose Publishing, 2015), © Timothy Paul Jones.

Printed in the United States of America
010224VP

CONTENIDO

CAPÍTULO 1

Los cuatro Evangelios

¿ Por qué, dos mil años después de su crucifixión, sigue el mundo todavía tan fascinado por Jesús?

Haga una búsqueda de su nombre en Internet, ¡y recibirá entre 330 y 880 millones de enlaces para navegar! Solo por diversión, considere la cifra más baja. ¿Quién podría leer tantas páginas en Internet? A razón de una por minuto, y solo echando un vistazo durante dieciséis horas al día, tiene enfrente un proyecto en el cual tardaría más de 950 años. (Por supuesto, nadie *debería* tratar de leer la mayoría de esas páginas; contrariamente a la creencia popular, ¡no todo lo que encontramos en Internet es cierto!).

Un mejor plan sería apartar unas cuantas horas para leer con cuidado los Evangelios novotestamentarios de Mateo, Marcos, Lucas y Juan. Juntas, estas cuatro biografías de Jesús (como se las ha llamado) nos dan una descripción fiel e impresionante de la vida más extraordinaria que jamás se haya vivido.

¿QUÉ ES UN EVANGELIO?

La palabra griega *euangelion*, la cual se traduce como *evangelio*, significa «buena noticia». En los tiempos antiguos, se enviaba a los heraldos reales para ir de pueblo en pueblo, anunciando el *evangelio* del triunfo militar o la inminente visita de un rey, o el nacimiento de un heredero real. En la Biblia, el término *evangelio* se refiere al anuncio de la buena noticia celestial de que Dios ha cumplido, en Jesús, sus promesas mesiánicas a Israel y ha provisto de un Salvador al mundo. *Evangelio* también se refiere a cualquiera de los primeros cuatro libros del Nuevo Testamento: Mateo, Marcos, Lucas y Juan. Cada uno de estos cuatro Evangelios proclama, de maneras distintas, como lo veremos, quién es Jesús y lo que ha hecho para hacer posible la salvación.

Los cuatro Evangelios pueden describirse como breves *biografías* de Jesús, pero difieren de la mayoría de las biografías contemporáneas. Por lo general, una biografía moderna presenta un resumen detallado, cronológico y completo de la vida de alguien. Trata de arrojar luz sobre todos los aspectos del individuo de que trata, su personalidad, carácter, logros, etcétera, desde la cuna hasta la tumba. Los Evangelios no hacen exactamente esto. De hecho, se estima que, entre los cuatro Evangelios, ¡solo se resaltan alrededor de cincuenta días del ministerio de tres años de Jesús! También se ha sugerido que leer todas las palabras de Jesús, las cuales se registran y se encuentran en los Evangelios, solo le tomaría alrededor de tres horas a la persona promedio. Es claro que los escritores de los Evangelios, y el Espíritu Santo detrás de ellos, fueron altamente selectivos en el material que decidieron incluir.

También podemos pensar en los Evangelios como *retratos* verbales de Jesús. Cada escritor de los Evangelios ve a Jesús desde una perspectiva distinta. También podríamos decir que son *mensajes* acerca de Jesús, que cada uno se desarrolla alrededor de acontecimientos y temas de la vida de Jesús seleccionados con cuidado y que están diseñados para mostrar la importancia de su vida a una audiencia distinta.

Aunque los Evangelios no fueron los primeros libros del Nuevo Testamento que se escribieron, aparecen de primero porque enlazan la historia de Israel en el Antiguo Testamento con el nacimiento de la iglesia en el Nuevo Testamento. Los seguidores de Jesús estaban convencidos de que él era (y es) el Mesías, el ungido que se predijo en el Antiguo Testamento. Veían a Jesús, el carpintero de Nazaret, como el cumplimiento de la ley judía y el «Cordero de Dios, que quita el pecado del mundo» (Juan 1:29). Creían que su muerte en la cruz por el pecado hizo obsoleto el sistema judío de sacrificios. Veían a Jesús como la personificación de todas las promesas gloriosas de Dios. En vista de estas creencias impresionantes, no es de extrañar que los Evangelios constituyen casi la mitad (46%) del Nuevo Testamento. A los ojos de los primeros cristianos, todo el Antiguo Testamento anticipa la vida de Jesús, y todo el Nuevo Testamento celebra y edifica sobre esa vida.

¿POR QUÉ *CUATRO* EVANGELIOS?

¿Por qué no solo escribir un único libro completo acerca de la vida, las enseñanzas, los milagros, la muerte, la sepultura y la resurrección de Jesús? Una respuesta es que Mateo, Marcos, Lucas y Juan les escribieron a distintas audiencias y enfatizan distintos aspectos de la vida y el ministerio de Cristo. De hecho, la iglesia primitiva, al tomar elementos de Ezequiel 1:10 y Apocalipsis 4:6-8, asociaba símbolos a cada uno de los cuatro Evangelios.

EVANGELIO	ÉNFASIS EN CUANTO A JESÚS	SÍMBOLO	SIGNIFICADO DEL SÍMBOLO
Mateo	Rey profetizado	León	Poder y autoridad
Marcos	Siervo obediente	Buey	Fuerza y servicio
Lucas	Hombre perfecto	Hombre	Carácter y sabiduría
Juan	Hijo divino de Dios	Águila	Belleza, majestad y deidad

Otra razón por la cual tenemos múltiples Evangelios es que una sola perspectiva difícilmente puede hacerle justicia a la memoria de cualquier persona, mucho menos a la de Jesús mismo. Algunos han ido tan lejos como para sugerir que Dios inspiró cuatro Evangelios distintos para apelar a diversos tipos de personalidad. Si bien esa conjetura no se puede demostrar, de seguro cuadraría con la naturaleza compasiva de Dios y la afirmación de Pablo de que Dios «quiere que todos se salven y lleguen a conocer la verdad» (1 Timoteo 2:4).

Como mínimo, Dios usó a hombres de diversas (e improbables) profesiones para darle al mundo vistazos de su Hijo. Mateo era recaudador de impuestos, Juan, pescador, y Lucas, médico. (Se desconoce el trasfondo vocacional de Marcos).

Juan termina su Evangelio con esta declaración extraordinaria: «Jesús también hizo muchas otras cosas. Si todas se pusieran por escrito, supongo que el mundo entero no podría contener los libros que se escribirían» (Juan 21:25).

MATEO es el Evangelio más *profético*, y muestra cómo Jesús cumplió las profecías mesiánicas del Antiguo Testamento.

MARCOS es el Evangelio más *práctico*, y describe las diversas maneras en que Jesús sirvió a Dios y a los demás de manera activa.

LUCAS es el Evangelio más *histórico*, y menciona una variedad de detalles políticos e información de fondo.

JUAN es el Evangelio más *teológico*, y muestra cómo Jesús es Dios encarnado y lo que en realidad significa la fe.

En otras palabras, ¡los escritores del evangelio (llamados evangelistas) no tuvieron escasez de material de fuente para trabajar! Según la audiencia a la cual se dirigían, y, espiritualmente hablando, según los impulsos del Espíritu Santo, Mateo, Marcos, Lucas y Juan adaptaron sus mensajes en consecuencia.

¿POR QUÉ JUAN ES TAN DISTINTO?

Los primeros tres Evangelios —Mateo, Marcos y Lucas— son llamados Evangelios sinópticos. La palabra *sinóptico* proviene de una palabra griega compuesta que significa «mismo punto de vista» o «ver juntos». Aunque estos tres relatos de la vida de Cristo tienen distintos énfasis, tienden básicamente a abordar su vida desde el mismo punto de vista.

Se ha sugerido que los Evangelios sinópticos se enfocan en el hombre que era Dios; en tanto que el Evangelio de Juan ve a Jesús desde la perspectiva de Dios que llegó a ser hombre. Por esa razón, el erudito del Nuevo Testamento Darrell Bock sugiere que leamos Mateo, Marcos y Lucas «desde la tierra hacia arriba». En otras palabras, estos relatos muestran a los discípulos (y a los demás) que se encuentran con el hombre Jesús y que, lentamente, llegan a darse cuenta de su naturaleza divina. Por otro lado, Bock dice que el Evangelio de Juan debería leerse «desde el cielo hacia abajo». Adopta un punto de vista o perspectiva diferente: comienza con la declaración de que Jesús es la Palabra eterna, divina, encarnada, que vino a mostrarle al mundo cómo es Dios (Juan 1:1-18).

Fresco de los cuatro evangelistas por Leopold Bruckner

¿SON CONFIABLES LOS EVANGELIOS?

Debemos recordar que Mateo y Juan eran dos de los primeros y más leales seguidores de Jesús. Tuvieron un asiento de primera fila «cercano y personal» durante unos tres años para presenciar las enseñanzas y milagros de Jesús. Quizás Marcos pudo haber sido o no un testigo ocular de Jesús (algunos creen que es el hombre que no se nombra de Marcos 14:51-52). Si no fue un testigo ocular, disfrutó de la segunda mejor opción: fue un colega ministerial de *dos* apóstoles, Pedro y Pablo. Como tal, tuvo acceso a una riqueza de historias y recuerdos. ¿Y qué decir de Lucas, el colega de confianza de Pablo, y el único escritor no judío del Nuevo Testamento? ¿Por qué debemos confiar en su Evangelio? Porque él declara en su párrafo inicial que investigó «todo con esmero desde el principio» (1:3). En otras palabras, escuchó reportes de testigos presenciales y examinó todas las tradiciones orales disponibles y también registros escritos.

Sobre todo, podemos saber que los documentos bíblicos son confiables y seguros porque el Espíritu Santo guio y supervisó a los autores humanos (2 Timoteo 3:16; 2 Pedro 1:20-21). Y tenemos esto: en la noche antes de su muerte, Jesús les prometió a sus seguidores que el Espíritu «les recordará cada cosa que les he dicho» (Juan 14:26).

Aunque los Evangelios no divulgan todo lo que Jesús hizo y nos dejan con muchas preguntas sin respuesta, nos confrontan con la asombrosa afirmación, y abrumadora evidencia que respalda esa afirmación, de que Jesús de Nazaret era Dios en la carne, el Mesías-Rey de Israel, el Señor del universo y el Salvador del mundo. Como lo ha observado tan sabiamente C. S. Lewis, si una afirmación tan grandiosa es falsa, no tiene importancia. Si es cierta, es de suma importancia. Lo único que la afirmación no puede ser es moderadamente importante.

EL EVANGELIO DE MATEO

Autor

Al responder la pregunta de la autoría
bíblica, los eruditos típicamente
buscan dos clases de autenticación.

- Evidencia interna: pistas
  que se encuentran dentro
  de un escrito.

- Evidencia externa:
  declaraciones de otros que la
  corroboran.

San Mateo el evangelista
por Josef Kastner

En el caso de Mateo (conocido también
como Leví; ver Lucas 5:27-32), la evidencia
externa de su autoría es fuerte. Los líderes
prominentes de la iglesia primitiva, hombres
como Clemente de Roma (35–99 d. C.), Policarpo (69–155 d. C.) y Justino
Mártir (100–165 d. C.), coincidieron en que Mateo, el apóstol de Jesús, escribió
el primer Evangelio.

La evidencia interna también apunta a Mateo. Como exrecaudador de
impuestos (Marcos 2:14-17), Mateo hubiera sido alguien instruido y un
registrador de experiencia, excepcionalmente calificado para escribir un
relato del evangelio de Jesús. Mateo incluso podría haber tomado notas
durante los años que viajó con Jesús. Y ¿por qué contendría el primer
Evangelio varios términos de monedas que no se encuentran en ninguna
otra parte del Nuevo Testamento, a menos que lo hubiera escrito alguien
acostumbrado a manejar dinero (Mateo 17:24, 27; 18:24)?

Mateo, un judío, había sido recaudador de impuestos para Roma antes
de conocer a Jesús y de llegar a ser uno de sus fieles seguidores. Para
que conste, los recaudadores de impuestos eran despreciados por sus
conciudadanos judíos, y con frecuencia son mencionados al mismo tiempo
que a los «pecadores» (judíos no religiosos; ver Mateo 9:10-11; Lucas 15:1) y
«prostitutas» (Mateo 21:31-32). Los recaudadores de impuestos, o publicanos,
eran considerados deshonestos y desconfiables. Si estuviera tratando
de propagar una nueva religión, usted nunca le pediría a alguien como
Mateo que escribiera uno de sus documentos constitutivos. No estaría a

la cabeza de la lista de posibles portavoces de su causa, en especial si su causa implicaba afirmaciones difíciles de creer. A menos que, por supuesto, fuera un testigo presencial creíble de los acontecimientos de los que escribió y fuera un portavoz que había demostrado una vida notablemente transformada.

Fecha

Los eruditos no se ponen de acuerdo en cuanto a cuándo exactamente se escribieron los cuatro Evangelios. Los cálculos han oscilado desde los años 40 hasta finales del primer siglo d. C. (y algunos incluso tratan de fechar algunos de los escritos más tarde que eso). Sin embargo, la mayoría coincide en que Mateo tuvo que haber sido escrito antes de la destrucción de Jerusalén por parte de los romanos, en el año 70 d. C., ya que él no hizo ninguna referencia a ese acontecimiento catastrófico en su Evangelio. Durante mucho tiempo, se consideró a Mateo extensamente como el primer Evangelio que se escribió, tal vez ya en el año 50 d. C. Más recientemente, una creciente cantidad de eruditos sugiere una fecha en los años 60 d. C.

Audiencia

Como judío que había llegado a creer que Jesús es el Mesías tan esperado, Mateo les escribió a sus compatriotas judíos. Comenzó su Evangelio con una genealogía que muestra cómo Jesús es «descendiente de David y de Abraham» (Mateo 1:1). Citó extensamente las Escrituras del Antiguo Testamento, por lo menos cincuenta citas directas y más de otras setenta alusiones. Mateo escribió principalmente acerca de temas de mayor interés para los judíos: la ley, la justicia, la pureza ceremonial, el templo, el día de descanso y el reino de los cielos venidero. Al escribir, muchas veces no se molestó en explicar las costumbres judías. Una y otra vez, Mateo declaró que las acciones de Jesús fueron cumplimientos de profecías antiguas. El Evangelio de

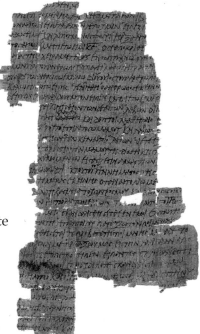

Papiro 37, un fragmento de Mateo 26 que data del tercer siglo

Mateo hace muchas más referencias al Antiguo Testamento que los demás Evangelios.

Es claro que el Evangelio «más judío» se escribió para convencer y recordar a una audiencia judía que Jesús, como descendiente de David, cumplió las profecías acerca del Mesías venidero y que era el legítimo heredero del trono de David. Sin duda, Mateo también tenía la intención de animar a los seguidores judíos de Jesús a permanecer fieles, incluso ante la persecución (10:17-42), y de convencer a otros en toda la tierra de que solo Jesús era digno de su confianza y obediencia (28:18-20).

El Sermón del monte por Carl Bloch

A pesar de sus fuertes connotaciones judías, el Evangelio de Mateo también muestra con claridad que Jesús no es simplemente el Rey y Mesías de los judíos, sino además el Salvador de todo el mundo. En pasajes clave, los gentiles, por ejemplo, los sabios (2:1-12), la mujer cananea (15:22-28) y las naciones (28:18-20), son los receptores de las bendiciones de Dios (ver también 4:15; 12:18-21).

Bosquejo

>o La aparición del Rey (1:1–10:42)

>o El rechazo al Rey (11:1–25:46)

>o La crucifixión del Rey (26:1–27:66)

>o La resurrección y la comisión del Rey (28:1-20)

Características exclusivas

>o Mateo incluye mucho más de las enseñanzas de Jesús que los demás Evangelios. El Sermón del monte (capítulos 5–7) se encuentra solo en forma abreviada en el Evangelio de Lucas; y no aparece para nada en Marcos y Juan.

>o Mateo usa más de cincuenta veces la palabra *reino*. Es claro que transmitía la idea de que el reino de Dios se había acercado porque Jesús, el Rey verdadero de Israel, estaba presente. Solo Mateo usa la frase *reino del cielo*; los demás Evangelios usan la frase *reino de Dios*.

- Alrededor del 40% del material de Mateo es exclusivo de Mateo, lo que significa que cerca del 60% del contenido también se encuentra en los otros Evangelios.

- Mateo dedica alrededor de una tercera parte de su Evangelio a la última semana de Jesús.

- Según Bible Gateway, una popular Biblia en línea con opción de búsqueda, el Evangelio de Mateo es el segundo libro más leído de la Biblia, solo después de los Salmos.

- Milagros y señales que son exclusivos del libro de Mateo:

  » Dos ciegos reciben la vista (9:27-31)

  » Captura de un pez con una moneda en la boca (17:24-27)

Versículos clave

Siempre es difícil tratar de destacar un versículo o pasaje que capture la esencia de todo un libro de la Biblia, pero tal vez los versículos finales de Mateo lo hacen de mejor manera que cualquier otro:

> Jesús se acercó y dijo a sus discípulos: «Se me ha dado toda autoridad en el cielo y en la tierra. Por lo tanto, vayan y hagan discípulos de todas las naciones, bautizándolos en el nombre del Padre y del Hijo y del Espíritu Santo. Enseñen a los nuevos discípulos a obedecer todos los mandatos que les he dado. Y tengan por seguro esto: que estoy con ustedes siempre, hasta el fin de los tiempos».
>
> Mateo 28:18-20

Aquí vemos la autoridad del Rey resucitado. Él les encarga a sus súbditos que vayan por todo el mundo y muestren a otros lo que significa seguirlo.

EL EVANGELIO DE MARCOS

Autor

El Evangelio de Marcos no nombra abiertamente a Juan Marcos como su autor. Sin embargo, Eusebio, en su historia de la iglesia primitiva, citó el recuerdo de Papías (70–163 d. C.) del testimonio de Juan el Anciano (posiblemente otro nombre para Juan el apóstol) de que Juan Marcos fue, de hecho, el autor del segundo Evangelio. Otros padres de la iglesia primitiva como Justino Mártir, Tertuliano y Orígenes estuvieron de acuerdo con esta afirmación.

San Marcos el evangelista
por Josef Kastner

Juan Marcos, mencionado varias veces en el libro de los Hechos (12:25; 13:5, 13; 15:37-39), vivía en Jerusalén con su madre. Al parecer, su hogar era un lugar de reunión de la iglesia primitiva (Hechos 12:12). Quizás llegó a la fe en Cristo por medio de la predicación de Pedro (1 Pedro 5:13). Sabemos que acompañó a su primo Bernabé y al apóstol Pablo en un viaje misionero (Hechos 2–13; Colosenses 4:10). Recién comenzado este viaje, Juan Marcos abandonó de repente al equipo y regresó a Jerusalén (Hechos 13:13). Más adelante, eso ocasionó un distanciamiento entre Bernabé y Pablo (Hechos 15:36-39). Con el tiempo, Juan Marcos recuperó la confianza de Pablo. El apóstol llegó a considerarlo, junto con Lucas, el escritor del tercer Evangelio, como un colega confiable y muy valioso (2 Timoteo 4:11).

En ocasiones, el Evangelio de Marcos ha sido llamado «el Evangelio de Pedro» porque se cree que Pedro fue una fuente importante de su contenido, ya que Marcos fue quien lo escribió y registró principalmente a partir de los recuerdos de Pedro.

Algunas personas creen que el «joven» que fue capturado durante el arresto de Jesús y logró escapar desnudo era nada más y nada menos que el propio Marcos (Marcos 14:51-52). Si es así, Marcos hubiera tenido alguna experiencia de primera mano con Jesús.

Fecha

Al igual que para fechar la mayoría de los libros de la Biblia, la evidencia se puede interpretar (y con frecuencia se hace) de diversas maneras. No todos los eruditos están de acuerdo, pero se puede argumentar con firmeza que Marcos fue el primer Evangelio que se escribió, tal vez entre finales de los años 50 y mediados de los años 60 d. C., cuando Nerón era emperador de Roma. Lo que sí sabemos con certeza es que, en el año 57 d. C., Pablo estaba bajo arresto domiciliario en Roma y Marcos estaba con él (Colosenses 4:10). Tal vez haya escrito su Evangelio en aquella época.

Audiencia

Durante mucho tiempo, se ha sostenido que Marcos escribió desde Roma a una creciente audiencia gentil para darles una comprensión más clara del Salvador que era el centro y el tema del mensaje del evangelio. Este argumento se ve reforzado con el hecho de que Marcos se toma la molestia de explicar términos judíos y arameos, así como las tradiciones de los fariseos (ver 5:41; 7:3-4, 34; 14:36; 15:34). Y no solo eso, sino que Marcos usa el método romano y no el judío de medir el tiempo (6:48; 13:35). Finalmente, en un momento culminante de su Evangelio, Marcos menciona al centurión romano que vio a Jesús crucificado y exclamó: «¡Este hombre era verdaderamente el hijo de Dios!» (15:39). Todo esto en conjunto sugiere fuertemente que le escribía a una audiencia gentil.

Uncial 059, un fragmento de Marcos 15 que data del siglo IV o V

Bosquejo

- ✂ La venida del Siervo (1:1-13)

- ✂ El trabajo del Siervo (1:14–13:37)

- ✂ La muerte y resurrección del Siervo (14:1–16:20)

Características exclusivas

- ✂ Marcos es el más corto de los cuatro Evangelios. Es una narrativa rápida y orientada a la acción. ¡La palabra griega que se traduce a menudo como *inmediatamente* aparece cuarenta veces en solo dieciséis capítulos! Como tal, el segundo Evangelio hubiera apelado a la pragmática mente romana que valoraba la acción y los resultados.

> Ya que entre el 30 y 40% de la población del Imperio romano estaba compuesta por sirvientes contratados, el relato de Marcos de un siervo poderoso y efectivo hubiera resonado fuertemente.

> Marcos omite cualquier mención sobre el nacimiento, o niñez o genealogía de Jesús (tales cosas no vendrían al caso en la vida de un siervo) y retoma la acción cuando Jesús tiene alrededor de treinta años y está a punto de iniciar su ministerio público.

> ¡Solo el 7% del material del Evangelio de Marcos es exclusivo de Marcos! Este hecho lleva a muchos eruditos a creer que el Evangelio de Marcos fue escrito primero y que Mateo y Lucas lo usaron como fuente al escribir sus propios relatos de la vida de Jesús.

> Marcos incluye solo un puñado de las parábolas de Jesús, pero documenta dieciocho de sus milagros; ¡menos palabras y más acción!

> El Evangelio de Marcos contiene un fuerte énfasis en el discipulado: la acción de seguir a Jesús, y las recompensas y los riesgos que conlleva esa decisión (1:14-20; 2:13-17; 3:13-19; 8:34-37; 12:44; 14:3-9).

> Marcos resalta la humanidad de Jesús, y menciona emociones fuertes como el enojo (3:5), la compasión (6:34) y la tristeza (14:33-34).

Jesús y sus discípulos en el mar de Galilea por Carl Oesterley

❧ A partir de Marcos 8:31, el evangelista se enfoca intensamente en el viaje de Jesús hacia el sur, desde Cesarea de Filipo hasta Jerusalén, donde el siervo enviado por Dios sufrirá y morirá.

❧ Marcos dedica alrededor de una tercera parte de su libro a la última semana de Jesús (11:1–16:8).

❧ Debido a que el pasaje final del libro (16:9-20) no se encuentra en los manuscritos griegos más antiguos y confiables, algunos eruditos creen que se agregó más adelante. Si es así, eso quiere decir que el Evangelio de Marcos termina con la tumba vacía, pero no menciona ninguna de las apariciones de Cristo resucitado. ¿Por qué terminaría Marcos su Evangelio de una manera tan abrupta? Una especulación es que Marcos quizás quería que sus lectores sintieran la misma clase de conmoción que los testigos originales de la resurrección sintieron al enfrentarse con la tumba vacía.

❧ Historias de milagros que son exclusivas del Evangelio de Marcos:

» El hombre sordo con un defecto del habla que es sanado (7:31-37)

» El ciego que recibe la vista en Betsaida (8:22-26)

Curación del ciego por Václav Mánes

Versículo clave

Justo antes de que Jesús entre a Jerusalén, Marcos registra esta excelente declaración de su misión:

> El que quiera ser líder entre ustedes deberá ser sirviente, y el que quiera ser el primero entre ustedes deberá ser esclavo de los demás. Pues ni aun el Hijo del Hombre vino para que le sirvan, sino para servir a otros y para dar su vida en rescate por muchos.
>
> Marcos 10:43-45

EL EVANGELIO DE LUCAS

Autor

Lucas nunca «firmó» su Evangelio, pero, por mucho tiempo, se ha considerado al médico-misionero como el autor del tercer Evangelio, el cual es el más largo de los cuatro Evangelios (Colosenses 4:14). (¡El Evangelio de Lucas también se gana el premio por ser el libro más largo del Nuevo Testamento!). Por lo tanto, Lucas es el único gentil entre los escritores del Nuevo Testamento.

San Lucas el evangelista
por Josef Kastner

Lucas fue un compañero cercano y de confianza del apóstol Pablo. Eso es evidente por su uso del pronombre de la primera persona plural *nosotros* en el libro de los Hechos (16:10-18; 20:5–21:18; 27:1–28:16). Esa estrecha relación es lo que le da autoridad y credibilidad a su Evangelio. También, en el prólogo del libro, Lucas describe la meticulosa investigación que realizó al compilar su Evangelio. Él menciona otros relatos (probablemente tanto escritos como orales) de la vida de Cristo «dados por testigos oculares, los primeros discípulos» (Lucas 1:1-2). A partir de ellos y, sin duda, de extensas entrevistas con otros testigos oculares, Lucas decidió «escribir un relato fiel» (1:3).

Fecha

Algunos eruditos especulan que Lucas pudo haber compuesto su Evangelio mientras se encontraba en Roma con Pablo, quien estaba a la espera de juicio, tal vez ya en el año 60 d. C. Queda claro que Lucas escribió el libro de los Hechos como una secuela de su Evangelio (sabemos esto porque los Hechos comienzan con la declaración de Lucas: «En mi primer libro...»). Lucas no menciona la muerte de Pablo, la cual se cree que ocurrió alrededor de los años 66–68 d. C. De esa manera, el libro de los Hechos se hubiera escrito antes de esa fecha. Eso quiere decir que el Evangelio de Lucas también se escribió en los años 60 d. C.

Audiencia

La evidencia de los escritos de Lucas sugiere que Lucas, un gentil, escribió para los gentiles. Dirigió su Evangelio (y el libro complementario de los Hechos) a un hombre llamado Teófilo, un nombre grecorromano que puede significar «amado de Dios» o «amante de Dios». El Evangelio de Lucas no incluye muchos términos distintivamente judíos que se encuentran en los demás Evangelios. Por ejemplo, no se utiliza *hosanna* en el relato de la entrada triunfal de Jesús a Jerusalén (Lucas 19:28-44). Lucas menciona a los emperadores romanos, un detalle que no es específicamente importante para una audiencia judía (2:1; 3:1). El Evangelio de Lucas también apela definitivamente a la mente griega idealista, la cual valoraba la virtud y el carácter.

Más concretamente, Lucas les escribió a los creyentes gentiles en Jesús para que pudieran, como le dijo a Teófilo, «estar [seguros] de la veracidad de todo lo que [les] han enseñado» (1:4).

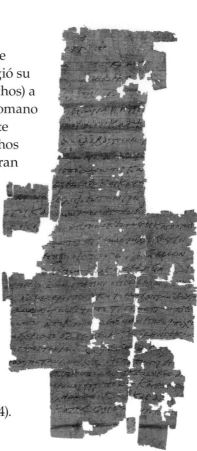

Papiro 3, un fragmento de Lucas que data del siglo VI o VII

Bosquejo

> Prólogo (1:1-4)

> El Hijo del Hombre nace y crece hasta la edad adulta (1:5–2:52)

> El Hijo del Hombre comienza su ministerio (3:1–4:13)

> El Hijo del Hombre ministra en Galilea (4:14–9:50)

> El Hijo del Hombre viaja a Jerusalén y ministra allí (9:51–21:38)

> El Hijo del Hombre es crucificado y resucita (22:1–24:53)

Características exclusivas

> Se ha descrito el libro de Lucas como el evangelio para las naciones, el evangelio histórico, el evangelio para los marginados y el evangelio para los griegos.

- Los eruditos del griego antiguo afirman que Lucas tiene un estilo literario más sofisticado que los demás Evangelios.

- Alrededor del 60% del Evangelio de Lucas es exclusivo; un material que no se encuentra en los demás Evangelios. Lucas menciona varios detalles importantes de la vida de Jesús que los demás Evangelios omiten: el nacimiento de Jesús (2:1-20); su encuentro a la edad de doce años con los rabinos en el templo (2:41-52); sus amadas parábolas del buen samaritano (10:25-37) y el hijo pródigo (15:11-32); la historia de Zaqueo (19:1-10); Jesús sudando gotas de sangre en Getsemaní (22:44); y el intercambio con el ladrón arrepentido mientras permanecía en la cruz (23:39-43).

- Según Bible Gateway, el Evangelio de Lucas es el séptimo libro más leído de la Biblia.

- A diferencia de Mateo, quien rastreó la genealogía de Jesús hasta Abraham, el padre del pueblo judío, Lucas rastreó la genealogía de Jesús hasta Adán, el padre de toda la humanidad.

- Lucas enfatiza mucho que Jesús ora: en su bautismo (3:21); en el desierto (5:16); antes de escoger a sus discípulos (6:12-13); en Cesarea de Filipo (9:18); antes de la Transfiguración (9:28-29); al enseñar a sus seguidores a orar (11:1-4); al orar por Pedro (22:31-32); en Getsemaní (22:41); en la cruz (23:34); y al bendecir los alimentos en Emaús (24:30).

Zaqueo en el sicómoro, a la espera del paso de Jesús por James Tissot

- Lucas destaca la forma en que Jesús se fijaba en y relacionaba con toda clase de personas comunes y corrientes, en especial mujeres y niños, ¡algo inaudito entre los rabinos de la época! Jesús les prestó atención y se interesó en: una suegra enferma (4:38-39); pescadores frustrados (5:1-10); una viuda afligida (7:11-15); una hermana molesta (10:38-42); una mujer encorvada (13:10-13); un grupo de leprosos (17:11-19); un recaudador de impuestos curioso (19:1-10); y una viuda pobre pero generosa (21:1-4).

- Lucas menciona al «Espíritu Santo» más que cualquiera de los demás Evangelios.

- Lucas dedica alrededor de una cuarta parte de su Evangelio a la última semana de Jesús (19:28–24:49).

- Milagros y señales que son exclusivos del libro de Lucas:

  » La gran pesca (5:4-11)

  » El hijo de la viuda que resucitó de los muertos (7:11-17)

  » Sanidad de la mujer lisiada (13:10-13)

  » Sanidad del hombre con hidropesía (14:1-4)

  » Sanidad de los diez leprosos (17:11-19)

  » Sanidad del sirviente del sumo sacerdote (22:49-51)

Versículo clave

Solo el Evangelio de Lucas contiene la entrañable historia de Zaqueo. ¿Lo recuerda? Era el jefe de cobradores de impuestos de Jericó que se subió a un árbol para lograr ver a Jesús, y que terminó siendo transformado radicalmente por la experiencia. Al final de ese maravilloso encuentro, Lucas registró una afirmación de Jesús que resume perfectamente su ministerio/ misión terrenal:

> Pues el Hijo del Hombre vino a buscar a los que están perdidos.
>
> Lucas 19:10

EL EVANGELIO DE JUAN

Autor

Al igual que los demás escritores de los Evangelios, el autor del Evangelio de Juan no «firma» explícitamente su obra, pero sí incluye algunas pistas que dejan claro que él fue el autor. Juan fue testigo presencial de los acontecimientos que se describen (Juan 1:14; 19:35; 21:24). También se refiere a cierto seguidor anónimo de Cristo como «el discípulo a quien Jesús amaba», supuestamente el mismo Juan (13:23; 19:26; 21:7, 20). Algunos prominentes padres de la iglesia primitiva de los siglos segundo y tercero, como Ireneo,

San Juan el evangelista
por Josef Kastner

Clemente de Alejandría, Tertuliano y Orígenes, le atribuyeron el Evangelio a Juan, el hermano de Santiago y apóstol de Jesús. Junto con Pedro, estos dos hermanos (que podrían haber sido primos de Jesús) formaron el «círculo íntimo» de Jesús.

El padre de Juan era Zebedeo, quien era dueño de un negocio de pesca en el mar de Galilea, al parecer lo suficientemente exitoso como para haber contratado sirvientes (Marcos 1:16-20). Algunos creen que su madre fue la Salomé que era hermana de María, la madre de Jesús (comparar con Mateo 27:56; Marcos 15:40; Juan 19:25). Si es así, eso haría que Juan fuera primo hermano de Jesús. Puesto que María también estaba relacionada con Elisabet, la madre de Juan el Bautista (Lucas 1:36), es probable que Juan conociera a Juan el Bautista y a Jesús desde la infancia.

Se describe a Juan y a su hermano Santiago en los Evangelios como ambiciosos (Marcos 10:35-40). También se describen como impetuosos e impulsivos. De hecho, cuando pasaban por una aldea samaritana con Jesús, estaban listos para hacer descender fuego del cielo sobre la gente inhospitalaria del pueblo (Lucas 9:51-54). Es probable que ese temperamento haya sido el que impulsó a Jesús a ponerles el apodo de «hijos del trueno» (Marcos 3:17) a los hermanos.

Sin embargo, finalmente Juan fue transformado por el amor de Jesús, de tal manera que se identificó a sí mismo como «el discípulo a quien Jesús amaba». En sus escritos, el *amor* es un tema dominante; es mencionado más de cincuenta veces en su Evangelio, ¡y otras cincuenta veces más en sus epístolas!

Fecha

Casi todos los eruditos coinciden en que el Evangelio de Juan fue el último que se escribió de los cuatro. En 1920 se descubrió en Egipto un fragmento de papiro que contiene varias líneas de Juan 18 y data quizás de tan temprano como el año 125 d. C. (el Papiro John Rylands P52). Puesto que hubiera tardado algún tiempo para que las copias del Evangelio de Juan circularan hasta Egipto, podemos establecer la fecha del manuscrito original incluso antes.

La antigua tradición de la iglesia dice que Juan era ya anciano cuando lo escribió, y Juan 21:18-23 también sugiere esto. Por lo tanto, una fecha entre los años 85 y 95 d. C. es razonable, lo suficiente después de la destrucción de Jerusalén en el año 70 d. C. como para que Juan no sintiera la necesidad de mencionarla. Se cree que Juan escribió su Evangelio desde el Asia Menor, o la actual Turquía.

Audiencia

A diferencia de los Evangelios sinópticos —los cuales comparten muchas de las mismas historias y enseñanzas de Jesús, pero las dirigen a audiencias particulares—, el Evangelio de Juan es más universal. Apela no solo a judíos, romanos o griegos, sino a todas las personas. Juan le escribió al mundo entero. Más de treinta veces, Juan usa el pronombre *todo el que* (ver, por ejemplo, Juan 3:16; 5:24).

Para sustentar su caso acerca de la deidad de Cristo, Juan eligió siete declaraciones de «Yo soy» que Jesús hizo:

Yo soy el pan de vida (6:35, 48).

Yo soy la luz del mundo (8:12; 9:5).

Yo soy la puerta (10:7-9).

Yo soy el buen pastor (10:11, 14).

Yo soy la resurrección y la vida (11:25).

Yo soy el camino, la verdad y la vida (14:6).

Yo soy la vid verdadera (15:1-5).

En Juan 20:31, claramente declara la razón por la cual escribió su Evangelio: para llamar a sus lectores a que «continúen creyendo que Jesús es el Mesías, el Hijo de Dios» para que «al creer en él tengan vida por el poder de su nombre».

Bosquejo

- Presentación del Hijo de Dios (1:1-51)

- El ministerio público del Hijo de Dios (2:1–12:50)

- El ministerio privado del Hijo de Dios (13:1–17:26)

- La muerte y resurrección del Hijo de Dios (18:1–21:25)

Características exclusivas

- Juan se enfoca fuertemente en conceptos teológicos como la luz versus la oscuridad, la vida versus la muerte, la creencia versus la incredulidad y el amor versus el odio.

- Según Bible Gateway, el Evangelio de Juan es el tercer libro de la Biblia más leído, solo después de los Salmos y Mateo.

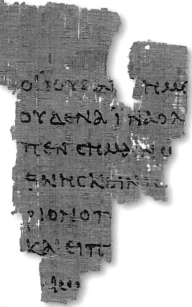

Papiro John Rylands P52

- El Evangelio de Juan a menudo es llamado el evangelio de la creencia... ¡y no es para menos! La palabra *creer* se encuentra casi cien veces en el Evangelio de Juan.

- A diferencia de Lucas, Juan está escrito en un griego muy sencillo y usa un vocabulario limitado.

- Juan omite gran parte del material de los Evangelios sinópticos; de hecho, más del 90% del contenido de Juan es exclusivo de Juan.

- Solo por el Evangelio de Juan sabemos que, después de su bautismo, Jesús ministró brevemente en Judea antes de comenzar su ministerio en Galilea.

❥ Juan no documenta el ministerio de Cristo en Galilea tanto como lo hacen los Evangelios sinópticos; en cambio, se enfoca en el ministerio de Cristo en Jerusalén y Judea y sus alrededores.

❥ Juan menciona cuatro Pascuas en 2:13; 5:1; 6:4; 13:1. (Aunque 5:1 no usa la palabra *Pascua*, se cree que el festival que se menciona es o la Pascua misma u otro festival cerca de la temporada de la Pascua). Eso significa que el ministerio público de Jesús continuó por lo menos tres años.

❥ En tanto que los Evangelios sinópticos proporcionan breves relatos de Jesús cuando come la Pascua con sus seguidores la noche en que fue traicionado, Juan dedica cinco capítulos (13–17) a la prolongada enseñanza de Jesús en esa ocasión.

❥ Juan dedica aproximadamente la mitad de su Evangelio a la última semana de Jesús (12:12–21:25).

❥ Milagros y señales que son exclusivos del libro de Juan:

» El agua convertida en vino (2:1-11)

» Curación del hijo de un oficial (4:46-54)

» Curación del hombre en el estanque de Betesda (5:1-15)

» El ciego que recibió la vista (9:1-41)

» Resurrección de Lázaro de entre los muertos (11:1-44)

» Una gran pesca (21:1-11)

Versículo clave

De seguro es el versículo más conocido del Evangelio de Juan y, quizás, de toda la Biblia. Resume el evangelio con más claridad que cualquier pasaje:

> Pues Dios amó tanto al mundo que dio a su único Hijo, para que todo el que crea en él no se pierda, sino que tenga vida eterna.
>
> Juan 3:16

LOS CUATRO EVANGELIOS

	MATEO	MARCOS	LUCAS	JUAN
AUTOR	Mateo (Leví), el apóstol	Juan Marcos	Lucas, el médico gentil	Juan, el apóstol
FECHA DE ESCRITURA	Años 50–60 d. C.	Años 50–60 d. C.	Años 60 d. C.	Años 85–95 d. C.
AUDIENCIA PRINCIPAL	Judíos	Gentiles	Gentiles	Todos
ENFOQUE	Las enseñanzas del Rey	Las acciones del Siervo	El carácter del Hombre ideal	La naturaleza del Hijo de Dios
LONGITUD (NTV)	28 capítulos 1068 versículos 23.682 palabras	16 capítulos 673 versículos 14.981 palabras	24 capítulos 1149 versículos 25.158 palabras	21 capítulos 878 versículos 18.613 palabras
PALABRAS CLAVE	Reino del cielo	Inmediatamente	Hijo del Hombre	Creer
CARACTERÍSTICA ÚNICA	Más de 120 referencias al Antiguo Testamento	El más corto de los cuatro Evangelios	El capítulo más largo del Nuevo Testamento (capítulo 1)	El versículo más corto del Nuevo Testamento: «Entonces Jesús lloró» (Juan 11:35).
VERSÍCULO CLAVE	«Por lo tanto, vayan y hagan discípulos de todas las naciones, bautizándolos en el nombre del Padre y del hijo y del Espíritu Santo» (Mateo 28:19).	«Pues ni aun el Hijo del Hombre vino para que le sirvan, sino para servir a otros y para dar su vida en rescate por muchos» (Marcos 10:45).	«Pues el Hijo del Hombre vino a buscar y a salvar a los que están perdidos» (Lucas 19:10).	«Pues Dios amó tanto al mundo que dio a su único Hijo, para que todo el que crea en él no se pierda, sino que tenga vida eterna» (Juan 3:16).

CÓMO LEER LOS EVANGELIOS

Lea en oración

Pídale al Señor que abra sus ojos y oídos. Haga la oración del salmista: «Abre mis ojos, para que vea las verdades maravillosas que hay en tus enseñanzas» (Salmo 119:18). Ore como el profeta Samuel oró cuando era niño: «Habla Señor, que tu siervo escucha» (1 Samuel 3:9).

Lea atentamente

Recuerde que, aunque los diferentes Evangelios proclaman el mismo mensaje —es decir, que Jesús vino a buscar y salvar a los perdidos— se dirigen a diferentes audiencias.

Lea con alegría

¡Dese cuenta de que la persona sobre la cual lee es el Salvador misericordioso, el Señor todopoderoso, el Buen Pastor y el Rey soberano! Él le da la bienvenida, sin importar lo que haya hecho o dónde haya estado. Quiere que usted lo conozca y que vea la verdad de quién es él. Mateo, al citar al profeta Isaías, dijo: «No aplastará la caña más débil ni apagará una vela que titila. [...] Y su nombre será la esperanza de todo el mundo» (Mateo 12:20-21).

Lea repetidamente

Comprenda que cuanto más lea detenidamente y medite las palabras y obras de Jesús, más aprenderá. El gran erudito y traductor de la Biblia Jerónimo hizo la siguiente afirmación famosa y precisa: «Las Escrituras son lo suficientemente superficiales como para que un bebé venga y beba sin temor a ahogarse y lo suficientemente profundas como para que un teólogo nade sin tocar el fondo jamás».

Lea con humildad y obediencia

Acérquese con la buena disposición a escuchar a Jesús y «obedecer» sus palabras (Mateo 7:26).

NOMBRES Y TÍTULOS DE JESÚS EN LOS EVANGELIOS

NOMBRE	VECES QUE SE USA	EJEMPLO
Jesús	1179	Marcos 1:1
Hijo del Hombre	84	Lucas 12:8
Maestro	48	Marcos 10:35
Hijo de Dios	26	Marcos 3:11
Hijo de David	14	Mateo 21:9
La Palabra	6	Juan 1:1
Rey de Israel	4	Juan 1:49
Jesús el Mesías	3	Mateo 1:18
Nazareno	1	Mateo 2:23
Hijo del [Dios] Altísimo	3	Lucas 1:32
Jesucristo	2	Juan 17:3
Cordero de Dios	2	Juan 1:29
Salvador	3	Lucas 2:11
Carpintero	1	Marcos 6:3

CAPÍTULO 2

La vida de Jesús

E l Antiguo Testamento está repleto de profecías antiguas acerca de un Rey-Salvador venidero, alguien llamado el *Mesías*, el «ungido».

En cuanto a su *venida*, él:

- ✂ Sería descendiente de David (Isaías 9:7).

- ✂ Nacería de una virgen (Isaías 7:13-14).

- ✂ Nacería en Belén (Miqueas 5:2-5).

- ✂ Recibiría adoración de reyes (Salmo 72:10-11).

En cuanto a su *ministerio*, él:

- ✂ Haría que los sordos oyeran y que los ciegos vieran (Isaías 29:18; 35:4-6).

- ✂ Hablaría en parábolas (Salmo 78:2).

- ✂ Tendría celo por la casa de Dios (Salmo 69:9).

- ✂ Tomaría sobre sí mismo nuestro dolor y sufrimiento (Isaías 53:4).

- ✂ Entraría a Jerusalén montado sobre un burro con justicia y victoria (Zacarías 9:9).

En cuanto a su *sacrificio*:

- ✂ Muchos lo rechazarían (Salmo 118:22-23).

- ✂ Un amigo lo traicionaría (Salmo 41:9).

- ✂ Lo venderían por treinta piezas de plata (Zacarías 11:12-13).

- ✂ Lo golpearían y le escupirían (Isaías 50:6).

- ✂ Le atravesarían sus manos y pies (Zacarías 12:10).

- ✂ Lo herirían por nuestras transgresiones (Isaías 53:5).

⊱ Lo enterrarían con los ricos (Isaías 53:9).

⊱ Pero, finalmente, Dios lo resucitaría de entre los muertos (Salmo 16:8-10).

Con asombroso detalle, los Evangelios del Nuevo Testamento muestran que Jesús de Nazaret cumple cada una de esas profecías, y muchas, muchas otras. En vista de esta clase de aviso previo, este tipo de acumulación intensa, uno esperaría que la llegada del Mesías hubiera sido un acontecimiento nacional importante para el pueblo judío. Pero fue todo lo contrario.

UNA LLEGADA SILENCIOSA

El nacimiento de Jesús y sus primeras tres décadas están envueltas en un misterio. De los cuatro Evangelios, solo Lucas y Mateo dicen algo tocante al nacimiento de Jesús, y ninguno de ellos da tantos detalles como nos gustaría. Ambos evangelistas describen visitas angelicales a José y a María (Mateo 1:18-25; Lucas 1:26-38), una clase de señal celestial a una pareja humilde y desprevenida. El mensaje angelical fue directo, pero asombroso: María, una virgen comprometida, daría a luz al Mesías.

Lucas nos relata que, en la noche del nacimiento de Jesús en el pueblo de Belén, solo un pequeño grupo de pastores aturdidos llegaron a ver al bebé recién nacido, y eso fue solo porque acababan de enterarse del acontecimiento por parte de una entusiasta multitud de ángeles (Lucas 2:8-20). Mateo informa que unos días (posiblemente semanas) después, los magos o «sabios» del oriente aparecieron en la casa donde estaba Jesús. Lo

Belén

adoraron, lo colmaron de regalos y se fueron (Mateo 2:1-12).

Si no hubiera sido por esos dos grupos, es dudoso que alguien más que un puñado de personas hubiera estado consciente de que el Mesías acababa de nacer. De hecho, fue solo cuando los sabios se detuvieron de primero en Jerusalén para hacer preguntas acerca del «rey recién nacido» que el rey Herodes el Grande se volvió paranoico y elaboró un complot asesino para eliminar a todos los niños pequeños de Belén y sus alrededores. Después de ser advertidos por un sueño acerca de las intenciones de Herodes, José y María huyeron a Egipto con Jesús. Después de que Herodes murió, José regresó a su pueblo natal de Nazaret con su esposa e hijo (Mateo 2:23).

> «"No tengas miedo, María —le dijo el ángel—, ¡porque has hallado el favor de Dios! Concebirás y darás a luz un hijo, y le pondrás por nombre Jesús"».
>
> Lucas 1:30-31

Los libros de Mateo, Marcos, Lucas, y Juan nos dicen muy poco acerca de las primeras tres décadas de Jesús. Lo que sí sabemos por algunas declaraciones que se hacen en los Evangelios es que Jesús tenía hermanos y que probablemente aprendió el negocio de la carpintería con José (Marcos 6:3). Lucas comparte una historia intrigante acerca de una visita de Pascua a Jerusalén, cuando Jesús tenía doce años. Cuando sus padres se dieron cuenta de que habían iniciado su regreso a casa sin Jesús (después de suponer equivocadamente que él viajaba de regreso a casa con otros parientes) se volvieron y lo buscaron frenéticamente. Encontraron a Jesús tres días después en el templo de Jerusalén, maravillando a los maestros de la ley con su entendimiento espiritual (2:41-52). Lucas explica que Jesús «crecía sano y fuerte. Estaba lleno de sabiduría, y el favor de Dios estaba sobre él» (2:40).

La huida a Egipto por Gentile da Fabriano

UN COMIENZO IMPACTANTE

Cuando Jesús tenía alrededor de treinta años, muchos judíos estaban llegando al desierto, al nororiente de Jerusalén, para escuchar a un profeta impetuoso y fascinante llamado Juan. (En realidad, Jesús era pariente de Juan; ver Lucas 1:36). Juan llamaba a la gente a arrepentirse y a prepararse para la venida del Mesías. Bautizaba en el río Jordán a todos aquellos que eran receptivos a su mensaje. Cuando algunas personas comenzaron a preguntar si él era el Mesías prometido, Juan insistió en que él era solo un siervo humilde que preparaba el camino para el ungido de Dios, «alguien que es superior a mí, tan superior que ni siquiera soy digno de ser su esclavo y desatarle las correas de sus sandalias» (Lucas 3:16).

> «Cuando Jesús salió del agua, vio que el cielo se abría y el Espíritu Santo descendía sobre él como una paloma. Y una voz dijo desde el cielo: "Tú eres mi Hijo muy amado y me das gran gozo"».
>
> Marcos 1:10-11

Poco después de esto, Jesús, el carpintero de Nazaret, salió de entre la multitud. Juan lo señaló y declaró que él era el «Cordero de Dios, que quita el pecado del mundo» (Juan 1:29). Los evangelistas describen esto como la ocasión en la cual Jesús fue:

- **Bautizado** por Juan para identificarse con Juan y su mensaje y con los pecadores que Jesús había venido a salvar.

- **Ungido** por el Espíritu Santo que descendió desde el cielo en forma de paloma.

- **Afirmado** como el Hijo de Dios por una voz audible que procedía del cielo.

- **Y guiado** por el Espíritu al desierto para vencer las tentaciones del diablo.

Después de esos acontecimientos, Jesús comenzó un ministerio público de tres años. Inmediatamente después de su bautismo, Jesús reunió a unos cuantos discípulos y rápidamente comenzó a impactarlos con sus palabras y obras (Juan 1:29-42).

LO QUE OCURRIÓ	LO QUE MOSTRÓ
En una boda en Caná de Galilea, Jesús transformó de manera milagrosa el agua en vino; su primer milagro que se registra (Juan 2:1-11).	Este milagro no solo reveló que Jesús no era un simple humano, sino que también insinuó que Jesús había venido a traer el gozo supremo. El vino en la Biblia es un símbolo de alegría y bendición (Isaías 25:6).
En Jerusalén, para la fiesta de la Pascua, Jesús expulsó con enojo a los comerciantes del atrio del templo (Juan 2:13-25).	Jesús reflejó disgusto con la religión vacía, y exhibió un «celo» por la casa de Dios, así como las Escrituras decían que el Mesías lo haría (Salmo 69:9; Juan 2:17).
Mientras estaba en Jerusalén, Jesús tuvo una larga conversación espiritual con un fariseo llamado Nicodemo, uno de los líderes religiosos más prominentes de Israel (Juan 3).	La esencia del mensaje de Jesús fue que el renacimiento espiritual, no el esfuerzo religioso, es lo que hace que una persona esté bien con Dios (Juan 3:3).
En Samaria, Jesús sorprendió a sus discípulos al demostrarle gracia a una mujer samaritana en el pozo de Jacob. A través de su testimonio, muchos samaritanos llegaron a creer en Jesús (Juan 4:1-42).	Los judíos de la época de Jesús, por lo general, evitaban la región de Samaria y menospreciaban al pueblo samaritano. Las acciones de Jesús mostraron su amor por todas las personas.

Mar de Galilea

LAS ENSEÑANZAS SOBRENATURALES DE JESÚS

Era típico que los rabinos judíos del primer siglo seleccionaran a sus estudiantes de entre los más brillantes y mejores, aquellos que buscaran de forma activa una preparación avanzada en la ley mosaica. No fue así con Jesús. Al principio de su ministerio, él sacó a discípulos poco probables de barcas de pesca y oficinas de impuestos (Mateo 9:9-13; Marcos 1:16-20). Ellos eran «hombres comunes sin ninguna preparación especial en las Escrituras» (Hechos 4:13), no del tipo de personas alrededor de las cuales la mayoría de los líderes trataría de desarrollar un movimiento religioso. Los Evangelios dejan claro que Jesús estaba preparando de manera intencional a este grupo poco probable con la idea de que, una vez que él se fuera, ellos se transformarían y repetirían el proceso (Mateo 28:18-20). Él pasó la mayor parte de su tiempo con estos doce, y los invitó a observarlo y a aprender de él. Quería que llegaran a ser discípulos que harían discípulos... que harían discípulos... que harían; bueno, usted capta la idea.

> «Cuando Jesús terminó de decir esas cosas, las multitudes quedaron asombradas de su enseñanza, porque lo hacía con verdadera autoridad, algo completamente diferente de lo que hacían los maestros de la ley religiosa».
>
> Mateo 7:28-29

Desde el comienzo de su ministerio, Jesús enseñó constantemente y compartió las verdades profundas de Dios. Enseñó en sinagogas (Mateo 4:23), en el atrio del templo (Lucas 19:47) y en entornos al aire libre (Marcos 4:1). Predicó en todo tipo de contextos a grandes multitudes y grupos pequeños (Mateo 5–7; Lucas 8:4; 9:11; Juan 14–17). Con frecuencia, aprovechaba los encuentros «casuales» para ilustrar y explicar las verdades espirituales a personas que tenían curiosidad espiritual (Juan 3–4; Lucas 19:1-10). Sus palabras de autoridad siempre dejaron a las personas rascándose las cabezas con asombro (Marcos 10:24).

¿Qué enseñaba Jesús exactamente? Pronunció una amplia gama de mensajes en los que abordó una gran cantidad de temas: el enojo, la resolución de conflictos, el adulterio, el divorcio, la venganza, la oración y el ayuno, la preocupación, la persecución religiosa, el futuro, el Espíritu Santo, el servicio, cómo encontrar el verdadero descanso y muchísimo más. Con frecuencia, en sus discursos resaltaba las diferencias marcadas entre los valores, las prácticas y de la gente de su reino y las que pertenecían al reino de este mundo. Por ejemplo, en su famoso Sermón del monte de Mateo 5–7, dejó claras las diferencias entre dos formas de vivir.

EN EL REINO DE ESTE MUNDO	EN EL REINO DE CRISTO
Solo aquellos que son competentes y están «juntos» son bienvenidos.	Solo aquellos que saben que están desesperados y necesitados son aceptados (Mateo 5:3).
Hay que evitar el sufrimiento por cualquier razón.	Se anticipa el sufrimiento por la justicia, el cual será recompensado (Mateo 5:10-12).
Usted trata a los demás de la forma en que ellos lo traten.	Usted les muestra a sus enemigos un perdón y amor extravagantes (Mateo 5:38-48).
Usted hace cosas para que los demás lo observen y alaben.	Usted hace cosas buenas y correctas en silencio, sin pensar impresionar a los demás en absoluto (Mateo 6:1-6).
Usted acumula toda la riqueza que pueda.	Usted acumula tesoros en el cielo (Mateo 6:19-21).
Usted pasa mucho tiempo y gasta mucha energía obsesionándose por la ropa, la comida y asuntos de esa clase.	Usted se preocupa por los asuntos espirituales y eternos (Mateo 6:33).
Usted señala y critica los defectos de los demás.	Usted se enfoca en sus propios defectos (Mateo 7:1-5).
Se espera que esté de acuerdo con la multitud.	Se le llama a tomar el camino angosto que conduce a la vida (Mateo 7:14).

Jesús también enseñó con parábolas. De hecho, de las enseñanzas registradas de Jesús (todas esas palabras en rojo si tiene una Biblia de letras rojas), alrededor de una tercera parte son parábolas. Las parábolas son historias cortas, fáciles de recordar y abundantes en imágenes que revelan una verdad acerca de Dios o acerca de cómo funciona su reino. Incluyen historias como la del buen samaritano, la cual desafía a los oyentes a considerar lo que en realidad significa amar al prójimo, y la del hijo pródigo, la cual revela el amor eterno de Dios por todos sus hijos. Para los que no tenían interés espiritual, las parábolas no significaban mucho (Lucas 8:9-10). Sin embargo, para los que tenían hambre espiritual, las parábolas tuvieron un gran impacto. Cada una motivaba a un saludable examen de conciencia, y demandaba una respuesta a cierta realidad celestial.

LOS IMPRESIONANTES MILAGROS DE JESÚS

Mientras Jesús predicaba el evangelio y enseñaba acerca del reino de Dios, realizó su ministerio con milagros impresionantes. Su ministerio incluía «[sanar] a la gente de toda clase de enfermedades y dolencias» (Mateo 4:23), y así cumplía las profecías del Antiguo Testamento acerca del Mesías.

- ➤ Jesús dio vista a los ciegos y audición a los sordos (Mateo 9:27-31; Marcos 7:31-37; Lucas 18:35-43; Juan 9:1-41).

- ➤ Corrigió las deformidades y curó la parálisis (Marcos 2:1-12; Lucas 6:6-10; 13:10-17).

- ➤ En ocasiones, sanó tocando físicamente a los enfermos (Lucas 5:12-15).

- ➤ En ocasiones, los enfermos encontraron la sanidad simplemente tocándolo (Lucas 8:43-48).

- ➤ En otras ocasiones, él sanó a las personas diciendo una palabra a la distancia (Lucas 7:1-10).

- ➤ Por lo menos una vez, sanó a un hombre en etapas (Marcos 8:22-26).

- ➤ Con frecuencia habló de la fe de los receptores como un factor fundamental en sus milagros de sanidad (Mateo 8:13; Lucas 8:50).

Curación del ciego por Carl Bloch

Estas acciones maravillosas no eran trucos realizados para impresionar a los demás o para atraer a una multitud. Por un lado, surgieron de la compasión insondable de Jesús. Cuando veía personas que sufrían y tenían necesidades, se sentía movido a aliviar su sufrimiento (Mateo 14:14). Por otro lado, estos milagros funcionaron, en el lenguaje del Evangelio de Juan, como «señales» (Juan 2:11; 12:37; 20:30). Una señal capta nuestra atención y luego busca desviarla a otra parte. Una señal no existe simplemente por su propia causa; en última instancia, sirve para señalar hacia algo más, hacia algo más grande. En un sentido real, las *maravillas* de Jesús estaban diseñadas para llamar nuestra atención a la *persona* de Jesús. Los milagros de Jesús autenticaron su mensaje. En otras palabras, sus milagros demostraron la verdad de sus afirmaciones de ser el Salvador del mundo enviado por Dios.

Los milagros de Jesús también demostraron su autoridad absoluta sobre el mundo espiritual y físico.

La resurrección de Lázaro por Carl Bloch

- ✏ Liberó a los que estaban poseídos u oprimidos por espíritus demoníacos (Mateo 8:28-34; Marcos 9:14-29; Lucas 4:31-37).

- ✏ Calmó mares tormentosos e incluso caminó sobre ellos (Mateo 14:22-33; Marcos 4:35-41).

- ✏ Alimentó a multitudes masivas con escasas cantidades de comida (Marcos 6:32-44; 8:1-9).

> «Le llevaron a Jesús muchos endemoniados. Él expulsó a los espíritus malignos con una simple orden y sanó a todos los enfermos».
>
> Mateo 8:16

- ✏ Marchitó una higuera en los últimos días de su ministerio para hacer énfasis acerca de la fe (Mateo 21:18-22).

- ✏ En tres ocasiones que se mencionan en los Evangelios, Jesús resucitó a personas muertas: a la hija de doce años de un líder de una sinagoga llamado Jairo (Mateo 9:18-26); al hijo de una viuda cuyo nombre no se menciona (Lucas 7:11-17); y, no mucho antes de su propia muerte, a su amigo Lázaro (Juan 11:1-44).

Después de cada acontecimiento milagroso, los espectadores quedaban maravillados (Lucas 9:43). ¿Un buen ejemplo? Cuando los discípulos acababan de ver a Jesús ordenarle al mar tormentoso que se apaciguara, «estaban completamente aterrados. "¿Quién es este hombre? —se preguntaban unos a otros—. ¡Hasta el viento y las olas lo obedecen!"» (Marcos 4:41).

LA MISIÓN RADICAL DE JESÚS

Casi desde el inicio de su ministerio público, Jesús fue inmensamente popular entre las masas. Las historias de cuando alimentó a miles e hizo otras maravillas se hicieron «virales» y atrajeron enormes multitudes. (¡La palabra *multitud* aparece veintidós veces en los primeros tres Evangelios!).

Sin embargo, cuanto más tiempo ministraba Jesús, más enfurecía a los líderes religiosos judíos. Destrozó las expectativas y desafió las tradiciones humanas. Desde el principio, Jesús dejó claro que no había venido «a abolir la ley de Moisés o los escritos de los profetas», sino «para cumplir sus propósitos» (Mateo 5:17). Él siempre exhibió la mayor reverencia a la Palabra de Dios; sin embargo, no le tenía nada de paciencia a las reglas religiosas hechas por los hombres (Marcos 7:1-12). Irritaba a los escribas y fariseos, quienes insistían en que el pueblo judío se adhiriera a interpretaciones y tradiciones complejas. Jesús no solo confrontó su hipocresía y arrogancia a cada paso, sino que también atacó los sistemas religiosos que habían establecido para aprovecharse de los demás (Juan 2:14-17).

Jesús también causó sorpresa con la forma en que elevó a las mujeres en una cultura que las consideraba ciudadanas de segunda clase (ver Juan 4). Las

El milagro del pan y los peces por Giovanni Lanfranco

personas se escandalizaban por la forma en que honraba a los niños y trataba con dignidad a los marginados sociales (Mateo 8:3; 19:13-15; Marcos 2:16).

Sin embargo, Jesús, más que todo, destrozó lo que el público comprendía principalmente acerca del Mesías. En el primer siglo, los judíos estaban bajo el dominio romano y las esperanzas mesiánicas estaban en un punto álgido. ¿Cuándo le restauraría Dios el reino a Israel? ¿Dónde estaba el liberador que, en el espíritu y manera del rey David de antaño, movilizaría al pueblo, dirigiría una revuelta y sacaría a los paganos romanos de la patria judía? Esas eran las preguntas que había en cada corazón y lengua.

No mucho después de que Jesús comenzara su ministerio, muchos judíos se habían convencido de que Jesús sería ese libertador militar. Sin embargo, cuando trataron de empujar a Jesús en esa dirección, él se resistió (Juan 6:15).

Él tenía clara su misión. Desde el principio, Jesús declaró que había sido enviado *por* Dios (Juan 6:39; 7:28) a hacer la voluntad *de* Dios (Juan 6:38). Según Jesús, la voluntad de Dios para él era:

- Predicar la buena noticia (Marcos 1:14-15, 38).

- Llamar a los pecadores al arrepentimiento (Mateo 9:13).

- Dar testimonio de la verdad (Juan 18:37).

- Traer luz a un mundo de oscuridad (Juan 12:46).

- Expulsar al diablo, «quien gobierna este mundo» (Juan 12:31).

- Liberar a los oprimidos y encarcelados (Lucas 4:18).

- Dar vista a los ciegos (Lucas 4:18).

- Dar vida plena y abundante (Juan 10:10).

- Buscar a los perdidos (Lucas 19:10).

➤ Ser un siervo (Mateo 20:28).

➤ Ser un rey (Juan 18:37).

➤ Sufrir y dar su vida en rescate por los pecadores (Marcos 10:45; Juan 12:27).

En resumidas cuentas, él vino a salvar al mundo (Juan 3:17; 12:47).

> «Pues Dios amó tanto al mundo que dio a su único Hijo, para que todo el que crea en él no se pierda, sino que tenga vida eterna. Dios no envió a su Hijo al mundo para condenar al mundo, sino para salvarlo por medio de él».
>
> Juan 3:16-17

Jesús hizo (y aceptó) afirmaciones extraordinarias acerca de sí mismo. Cuando se le preguntó a quemarropa si él era «el Mesías, el Hijo de Dios», Jesús respondió de manera afirmativa (Mateo 26:63-64). Declaró que él y Dios eran «uno», una declaración que horrorizó por completo a sus oyentes judíos. Ellos consideraron blasfemas tales palabras y casi apedrearon a Jesús en el lugar (Juan 10:30-33).

¿Quién en el mundo dice tales cosas? ¿Quién hace ese tipo de afirmaciones? Como señaló John Duncan, un predicador escocés del siglo XIX, las declaraciones de Jesús nos dejan con solo tres conclusiones posibles: «Cristo engañó a la humanidad mediante un fraude consciente, o él mismo estaba equivocado y se había autoengañado, o era divino. No hay forma de salir de este trilema».

En otros pasajes, los Evangelios dejan claro que Jesús no fue el único que hizo afirmaciones radicales acerca de su verdadera naturaleza y propósito. Cuando expulsó espíritus malignos de la gente, ¡incluso los demonios sabían que él era el Hijo de Dios! (Marcos 3:11; 5:7). Sus discípulos lo

llamaron el Cristo (Mateo 16:16). (*Cristo* proviene de una palabra griega que significa «Mesías» o «ungido»). Jesús nunca desalentó o refutó tal forma de hablar.

Jesús tenía que saber que esas afirmaciones le costarían su vida. Aun así, él fue a su muerte a sabiendas, de manera voluntaria y sacrificial.

LA ÚLTIMA SEMANA DE JESÚS

Es curioso que en Lucas 9:51, leemos que Jesús «salió con determinación hacia Jerusalén», ¡aunque seguía diciendo que Jerusalén era donde la clase dirigente religiosa lo mataría! (Marcos 8:31). Lucas 9:51–19:27 registra ese viaje lento y deliberado. Implicó mucha más enseñanza y también muchas más señales.

Comenzando con la llegada de Jesús a Jerusalén, ¡los cuatro Evangelios se enfocan extensamente en la última semana de Jesús: una tercera parte de Mateo; una tercera parte de Marcos; una cuarta parte de Lucas; casi la mitad de Juan!

> «El hijo del Hombre será traicionado y entregado a los principales sacerdotes y a los maestros de la ley religiosa. Lo condenarán a muerte. Luego lo entregarán a los romanos para que se burlen de él, lo azoten con un látigo y lo crucifiquen; pero, al tercer día, se levantará de los muertos».
>
> Mateo 20:18-19

La entrada triunfal de Jesús en Jerusalén, en lo que se conoce como el Domingo de Ramos, elevó las esperanzas mesiánicas de la multitud una vez más. Entró en Jerusalén montado en un burro, con lo cual se cumplió la profecía de Zacarías 9:9: «Mira, tu rey viene hacia ti. Él es justo y victorioso, pero es humilde, montado en un burro». Con ramas de palma en la mano, la gente se alineaba en el camino y gritaba *hosanna*, que significa: «¡Salvación al fin!». Muchos supusieron que de seguro ese sería el momento. Pero luego, la gente notó que Jesús estaba llorando y no blandía una espada (Lucas 19:41-44); difícilmente era el comportamiento de un rey conquistador.

Jerusalén

Lo que siguió a ese acontecimiento fue una semana extraña y turbulenta. El lunes, Jesús se movilizó enojado por los patios del templo, y volcó las mesas de los cambistas y comerciantes corruptos. Esa acción perturbadora provocó feroces discusiones al día siguiente con los líderes religiosos judíos en el atrio del templo. El jueves por la noche, Jesús se reunió con sus seguidores más cercanos en una habitación en la planta alta para comer la cena de la Pascua por última vez con ellos. Aprovechó la ocasión para instituir una nueva comida, la Cena del Señor, la cual conmemora su inminente arresto y muerte. Esas palabras sombrías les indicaron a todos que el cumplimiento de su reino mesiánico aún era futuro (Mateo 26:29; Lucas 22:30).

Jesús expulsando a los cambistas en el templo por Carl Bloch

En efecto, antes de que concluyera la reunión, uno de sus discípulos, Judas Iscariote, salió de la habitación para llevar a cabo su plan de traicionar a Jesús. Judas había aceptado treinta piezas de plata de los principales sacerdotes a cambio de entregar a Jesús a las autoridades (Mateo 26:14-15).

Justo después de esa última cena con sus discípulos, Jesús fue al huerto de Getsemaní con Pedro, Santiago y Juan para orar. Los Evangelios explican que Jesús estaba visiblemente en profunda angustia a medida que contemplaba la horrible muerte que pronto enfrentaría. Mientras sus discípulos más cercanos dormían, Jesús luchaba en oración, solo, postrado, empapado en un sudor sangriento. A través de la oración, recibió fortaleza para llevar a cabo el plan del Padre: «Padre, si quieres, te pido que quites esta copa de sufrimiento de mí. Sin embargo, quiero que se haga tu voluntad, no la mía» (Lucas 22:42). Fortalecido con santa determinación, se levantó, justo a tiempo para encontrarse con Judas y la multitud que había llegado a arrestarlo.

En las altas horas de la noche del jueves y la madrugada del viernes, las autoridades judías y romanas enviaron a Jesús a juicios nocturnos ilegales. Poncio Pilato, el prefecto romano de Judea, sentenció a Jesús a muerte.

Soldados romanos expertos en el brutal negocio de la ejecución desnudaron a Jesús y lo azotaron sin piedad. Los hombres se turnaron para golpearlo, escupirlo y burlarse de él con una túnica púrpura y una corona de espinas (Marcos 14:65; Juan 19:1-3). Luego lo llevaron al Gólgota, un lugar de ejecución tristemente célebre, al lado de una vía principal fuera de la muralla de la ciudad, donde lo clavaron a una cruz. Crucificado entre dos criminales convictos, Jesús tuvo una muerte espantosa y agonizante. Sin embargo, incluso entonces, cuando estaba en la cruz, Jesús oró por sus verdugos: «Padre, perdónalos porque no saben lo que hacen» (Lucas 23:34).

Poco antes del comienzo del día de descanso, el cual comenzó al atardecer del viernes, los soldados romanos que supervisaban la crucifixión se dieron cuenta de que Jesús ya estaba muerto. (La muerte por crucifixión a veces podía tardar días). Los soldados retiraron su cuerpo sin vida de la cruz y, por orden de Pilato, se lo entregaron a José de Arimatea, un miembro rico del Sanedrín que había llegado a creer en Jesús (Mateo 27:57; Juan 19:38). José envolvió el cuerpo de Jesús «en un largo lienzo de lino limpio. Lo colocó en una tumba nueva, su propia tumba que había sido tallada en la roca» (Mateo 27:59-60). José, con la ayuda de Nicodemo y probablemente de otros también, hizo rodar una gran piedra sobre la entrada de la tumba. Al día siguiente, Pilato, a petición de los líderes judíos, envió soldados a poner un sello romano oficial en la tumba y a montar guardia allí, no fuera a pasar que los seguidores de Jesús fueran y robaran su cuerpo y le dijeran a todo el mundo que Jesús había resucitado de los muertos (Mateo 27:64).

LA TUMBA VACÍA DE JESÚS

Temprano, el domingo por la mañana, varias mujeres que habían sido seguidoras de Jesús se presentaron en su tumba, esperando tener la oportunidad de ungir adecuadamente su cuerpo. (El comienzo del sábado el viernes por la noche les había impedido poder realizar ese acto de entierro habitual). Lo que encontraron en la tumba las dejó conmocionadas, aturdidas y desconcertadas, pero, finalmente, llenas de alegría. La tumba estaba abierta... ¡y vacía! Los lienzos de la tumba yacían sueltos. Los ángeles aparecieron, y dijeron con naturalidad: «¡No está aquí! Ha resucitado tal como dijo que sucedería» (Mateo 28:6). Y luego, los seguidores de Jesús, individualmente y en grupos, tuvieron encuentros reales con el Jesús resucitado, no un fantasma o un espíritu, sino un Salvador al que podían tocar (Juan 20:17).

> «Ustedes buscan a Jesús de Nazaret, el que fue crucificado. ¡No está aquí! ¡Ha resucitado! Miren, aquí es donde pusieron su cuerpo».
>
> Marcos 16:6

Los relatos de los Evangelios acerca de la resurrección son caóticos, difíciles de reconstruir, y ¿por qué esperaríamos otra cosa? Las personas corrían (Juan 20:4), les contaban a otros (Marcos 16:7), lloraban (Juan 20:11), temblaban (Marcos 16:8), se sentían con miedo y con alegría (Mateo 28:8) y dudaban y adoraban (Mateo 28:17).

Los escépticos han expresado todo tipo de teorías sobre lo que creen que sucedió en realidad. Es obvio que los discípulos robaron el cuerpo, dicen. O las mujeres se confundieron y fueron a la tumba equivocada. O tal vez Jesús nunca murió en la cruz en realidad, sino que solo pareció estar muerto. Luego, en el aire fresco de la tumba, se reanimó, apartó la piedra, dominó a los guardias, escapó y conspiró con sus seguidores para llevar a cabo la mayor artimaña de la historia.

Ninguno de esos escenarios es remotamente plausible. Y, ciertamente, ninguna de esas teorías puede explicar las vidas transformadas de los discípulos. Considere esto: en el huerto de Getsemaní, cuando Jesús se había rendido voluntariamente a las autoridades sin luchar, su pequeño grupo de discípulos cercanos se desintegró. Bajo presión, su discípulo Pedro había jurado que ni siquiera conocía a Jesús (Mateo 26:74; Lucas 22:57). Solo unos pocos seguidores, en su mayoría mujeres, habían visto la crucifixión desde una distancia segura (Lucas 23:49). Para los seguidores de Jesús, todo había acabado; la vida de su maestro, su Mesías, el movimiento que había comenzado, todo había acabado.

Pero no fue así.

Algo sin precedentes y cataclísmico sucedió temprano el domingo por la mañana. A la tenue luz del día, un tímido y desmoralizado grupo de discípulos se transformó en un intrépido grupo de testigos. En el curso de solo unas pocas semanas, Pedro pasó de decirle enojado a una sirvienta que ni siquiera conocía a Jesús a pararse frente a los mismos hombres poderosos que habían sentenciado a muerte a su maestro, insistiendo audazmente en que Jesús era el Mesías, que estaba vivo y que era el único medio de salvación (Hechos 4:8-12). ¿Qué puede explicar esto sino la verdad de la resurrección de su Salvador?

Huerto de Getsemaní

SU PROMESA DE VOLVER

En múltiples ocasiones, a lo largo de su ministerio, Jesús habló acerca de irse y venir otra vez (Mateo 16:27; 24:44; Marcos 13:26-36; 14:62; Lucas 12:40; 21:25-28; Juan 14:3).

> «Cuando todo esté listo, volveré para llevarlos, para que siempre estén conmigo donde yo estoy».
>
> Juan 14:3

Seis semanas después de la crucifixión, el Cristo resucitado reunió a sus discípulos por última vez, y les dijo que predicaran el evangelio a todas las naciones. Luego, observaron con los ojos muy abiertos a medida que se elevaba al cielo. Mientras estaban allí mirando, unos ángeles les dijeron: «Hombres de Galilea [...], ¿por qué están aquí parados, mirando al cielo? Jesús fue tomado de entre ustedes y llevado al cielo, ¡pero un día volverá del cielo de la misma manera en que lo vieron irse!» (Hechos 1:11).

Los creyentes en Jesús esperan y velan ansiosamente porque Cristo «vendrá cuando menos lo esperen» (Mateo 24:44). Pero, mientras sus seguidores esperan, hay trabajo que hacer. Ese «trabajo» es confiar en él y obedecer sus enseñanzas.

Jesús dijo: «La única obra que Dios quiere que hagan es que crean en quien él ha enviado» (Juan 6:29). Se nos llama a confiar en todo lo que los Evangelios revelan acerca de Jesús: que él fue y es el Hijo eterno de Dios, completamente Dios y completamente humano; que vivió una vida perfecta de confianza y obediencia, la vida que nosotros los humanos no pudimos y no vivimos ante Dios; que en la cruz Jesús ofreció voluntariamente su vida como pago por los pecados del mundo; que él fue nuestro sustituto, y tomó sobre sí mismo nuestros pecados, y el justo castigo de Dios por esos pecados; que concede el perdón y da vida nueva, eterna y abundante a todos los que ponen su fe en él; que a todos los que lo reciben, a todos los que creen en su nombre, les da «el derecho de llegar a ser hijos de Dios» (Juan 1:12).

Jesús les enseñó a sus seguidores a amar a Dios por sobre todo y amar a los demás desinteresadamente (Marcos 12:28-31; Juan 13:34-35). Las personas se refieren a esta enseñanza como el Gran Mandamiento. Jesús también les dijo a sus seguidores: «Vayan y hagan discípulos de todas las naciones» (Mateo 28:19). A esto se le llama la gran comisión. Juntas, esas dos órdenes forman la descripción de trabajo de sus seguidores. Aquellos que han experimentado el amor de Dios en Cristo Jesús están llamados a ser una comunidad amorosa que lleva el amor de Dios hasta los confines de la tierra.

PROFECÍAS QUE JESÚS CUMPLIÓ

PROFECÍA	ANTIGUO TESTAMENTO	NUEVO TESTAMENTO
SU VENIDA		
Cumpliría la promesa de Dios de morar entre su pueblo.	Zacarías 2:10	Juan 1:14
Sería un hijo que es dado.	Isaías 9:6	Juan 3:16
Descendería de Abraham.	Génesis 17:7	Mateo 1:1
Vendría de la tribu de Judá.	Génesis 49:8-10	Mateo 1:1-3
Nacería como un rey del linaje de David.	Isaías 9:7	Mateo 1:1; Lucas 1:32
Nacería de una virgen.	Isaías 7:13-14	Mateo 1:18; Lucas 1:27
Nacería en el pueblo de Belén de Judá (Judea).	Miqueas 5:2	Mateo 2:1-6
Sería un primer hijo varón que estaría consagrado (apartado).	Números 8:17	Lucas 2:7, 22-23
Recibiría regalos y reverencia de reyes.	Salmo 72:10-11	Mateo 2:1-2, 11
Sería llamado a salir de Egipto.	Oseas 11:1	Mateo 2:13-15
SU MINISTERIO		
Su camino sería preparado por un mensajero enviado en el espíritu de Elías.	Isaías 40:3; Malaquías 3:1; 4:5	Mateo 11:13-14; Lucas 3:4; 7:27
Tendría el Espíritu de Dios sobre él.	Isaías 11:2	Lucas 3:21-22
Sería ungido para proclamar libertad a los cautivos.	Isaías 61:1	Lucas 4:16-21
Ministraría en Zabulón y Neftalí (Galilea).	Isaías 9:1-2	Mateo 4:12-14

PROFECÍA	ANTIGUO TESTAMENTO	NUEVO TESTAMENTO
Cumpliría las promesas (pacto) a Israel y sería una luz para los gentiles.	Isaías 42:6	Lucas 2:28-32
Sería una luz para las naciones.	Isaías 60:1-3	Juan 12:46
Sería sanador.	Isaías 29:18; 35:5	Mateo 11:4-5
Llevaría nuestro dolor y soportaría nuestro sufrimiento.	Isaías 53:4	Mateo 8:16-17
Sería un siervo de Dios.	Isaías 42:1	Mateo 12:16-18
Hablaría en parábolas con significado oculto.	Salmo 78:2	Mateo 13:34-35
Los corazones de algunas personas serían insensibles hacia él.	Isaías 6:9-10	Mateo 13:13-15
Tendría un gran celo por la casa de Dios (el templo).	Salmo 69:9	Juan 2:13-17
SU SACRIFICIO		
Llegaría a Jerusalén como el rey montado en un burro.	Zacarías 9:9	Mateo 21:1-7
Instauraría un pacto nuevo.	Jeremías 31:31-34	Lucas 22:15-20
Sería odiado sin razón.	Salmo 35:19	Juan 15:24-25
Sería rechazado como la piedra más importante (piedra angular).	Salmo 118:22-23	Mateo 21:42
Sería vendido por treinta piezas de plata.	Zacarías 11:12	Mateo 26:14-15
Sería traicionado por un amigo.	Salmo 41:9; 55:12-14	Mateo 26:23-25
Sería el pastor golpeado y sus ovejas serían dispersadas.	Zacarías 13:7; Salmo 38:11; 88:18	Mateo 26:56; Marcos 14:27

PROFECÍA	ANTIGUO TESTAMENTO	NUEVO TESTAMENTO
Sería afligido, pero permanecería en silencio.	Isaías 53:7	Mateo 27:12; Lucas 23:9
Sería despreciado y rechazado.	Isaías 53:3	Lucas 17:25
Sería golpeado, herido, escupido y objeto de burlas.	Isaías 50:6; 52:14; Miqueas 5:1	Mateo 26:67; 27:30; Juan 19:2
Recibiría hiel y vinagre (vino agrio) para beber.	Salmo 69:21-22	Mateo 27:34
Que le atravesarían sus manos y pies.	Salmo 22:16	Juan 20:25-27
Sería levantado, así como Moisés levantó la serpiente de bronce en el desierto.	Números 21:9	Juan 3:14-15
Tomaría nuestro castigo sobre sí mismo para traer paz y sanidad.	Isaías 53:4-5	Mateo 26:28; Marcos 10:45
Los soldados echarían suertes por su ropa.	Salmo 22:18	Juan 19:23-24
Tendría sed durante su ejecución.	Salmo 22:15	Juan 19:28
Se sentiría abandonado por Dios.	Salmo 22:1	Mateo 27:46; Marcos 15:34
Encomendaría su espíritu en las manos de Dios.	Salmo 31:5	Lucas 23:46
Sería el cordero de la Pascua sin ningún hueso roto.	Éxodo 12:46	Juan 19:32-33
Sería atravesado.	Zacarías 12:10	Juan 19:34-37
Sería enterrado con los ricos.	Isaías 53:9	Mateo 27:57-60
Resucitaría de entre los muertos.	Salmo 16:8-10; 49:15; 86:13	Lucas 24:6-8

CAPÍTULO 3

Una armonía de los Evangelios

A lo largo de los siglos, las personas han creado muchas armonías diferentes para agrupar todos los acontecimientos y enseñanzas de la vida de Jesús que hay en los cuatro Evangelios. Las primeras armonías se remontan a Justino Mártir y a Taciano, en el segundo siglo d. C.

Un tipo común de armonía es una armonía *cronológica*, también llamada armonía secuencial. Esta clase de armonía intenta organizar los acontecimientos de la vida de Jesús en el orden que ocurrieron.

Poner los relatos del evangelio en un orden cronológico preciso es una tarea difícil, principalmente porque las biografías antiguas tienen diferencias importantes con las biografías que se escriben hoy. Una diferencia principal es la *secuencia histórica*. Las biografías modernas dan prioridad a la secuencia histórica. Eso quiere decir que los acontecimientos de la vida de una persona por lo general se narran en el orden en que ocurrieron. La biografía, por lo general, comienza con el nacimiento de la persona y termina con su muerte, y los acontecimientos intermedios se presentan en orden cronológico. Sin embargo, los biógrafos antiguos tenían un compromiso general con la secuencia histórica, pero no sentían la necesidad de colocar cada acontecimiento en sus escritos en orden cronológico. Se daba mucho más énfasis al desarrollo de una imagen precisa del carácter de la persona. Las acciones, los acontecimientos y los dichos se colocaban en la línea narrativa biográfica para ilustrar el carácter de la persona, sin importar cuándo ocurrieron.

Veamos un ejemplo de los evangelios: la historia de una mujer que unge los pies de Jesús.

> ✂ Juan identifica a la mujer como María (la hermana de Marta) y coloca ese acontecimiento justo antes de la entrada triunfal de Jesús a Jerusalén (Juan 12:1-8).

> ✂ Mateo y Marcos también describen la misma unción que Juan, pero no mencionan el nombre de la mujer. Colocan la historia más adelante en sus Evangelios, después de haber contado el relato de la entrada triunfal de Jesús (Mateo 26:6-13; Marcos 14:3-9).

> En el Evangelio de Lucas, también hay una historia sobre una mujer «pecadora» que unge los pies de Jesús, pero Lucas coloca ese acontecimiento mucho antes en su Evangelio (Lucas 7:36-50).

¿Fue el incidente de la unción del Evangelio de Lucas el mismo que se lee en Mateo, Marcos y Juan? Si no es el mismo acontecimiento, quiere decir que hubo dos ocasiones en que una mujer ungió los pies de Jesús. Sin embargo, si se trata de la misma unción, es posible que Lucas colocara ese acontecimiento fuera de la secuencia histórica para ilustrar qué tipo de Mesías era Jesús, el tipo que sana y perdona. Las dos historias que Lucas escribe justo antes de la historia de la unción son de sanidad (7:1-17), y la historia de la unción es de perdón (7:36-50).

Aunque es posible que no sepamos la cronología exacta de todos los acontecimientos narrados en los Evangelios, mirar juntas las historias de Jesús, en armonía, puede darnos una perspectiva nueva y fresca acerca de los cuatro Evangelios y de la vida y el ministerio de nuestro Salvador.

¿Cuánto tiempo duró el ministerio de Jesús?

Una manera de medir la duración del ministerio público de Jesús es contando el número de Pascuas en el Evangelio de Juan. Él es el escritor más interesado en proporcionar a los lectores los detalles acerca de los festivales judíos que se celebraron durante el ministerio de Jesús. Juan menciona cuatro Pascuas (Juan 2:13; 5:1; 6:4; 13:1); la primera muy temprano en el ministerio de Jesús y la última en la semana final de Jesús en Jerusalén. (Aunque Juan 5:1 no usa la palabra *Pascua*, se cree que el festival que se menciona es ya sea la Pascua misma u otro festival cerca de la temporada de la Pascua). Eso quiere decir que el ministerio de Jesús continuó durante al menos tres años.

UNA ARMONÍA DE LOS EVANGELIOS

ACONTECIMIENTO	MATEO	MARCOS	LUCAS	JUAN
Prólogo del Evangelio			1:1-4	1:1-18
Genealogía de Jesús	1:1-17		3:23-38	
NACIMIENTO Y NIÑEZ Lugares clave: Belén, Jerusalén, Egipto, Nazaret				
El ángel le anuncia a Zacarías que su esposa Elisabet dará a luz un hijo.			1:5-25	
El ángel le dice a María que dará a luz un hijo por obra del Espíritu Santo.			1:26-38	
María visita a Elisabet; el canto de María.			1:39-56	
A Elisabet y Zacarías les nace Juan el Bautista.			1:57-80	
El ángel le dice a José en un sueño que tome a María por esposa.	1:18-25			
Jesús nace en Belén.			2:1-7	
Los pastores visitan a Jesús después de que los ángeles se les aparecen.			2:8-20	
Cuando era niño, llevan a Jesús al templo para su dedicación.			2:21-38	
Los magos del oriente visitan a Jesús.	2:1-12			
José, María y Jesús huyen a Egipto para escapar del rey Herodes.	2:13-18			
José, María y Jesús regresan a Nazaret.	2:19-23		2:39-40	
A los doce años, Jesús asombra a los maestros en el templo.			2:41-52	

ACONTECIMIENTO	MATEO	MARCOS	LUCAS	JUAN
MINISTERIO TEMPRANO				
Lugares clave: Río Jordán, Judea, Caná, Jerusalén, Samaria				
Juan el Bautista predica en el desierto de Judea.	3:1-12	1:1-8	3:1-18	1:19-34
Juan bautiza a Jesús en el río Jordán.	3:13-17	1:9-11	3:21-22	
Jesús resiste las tentaciones de Satanás en el desierto.	4:1-11	1:12-13	4:1-13	
Jesús reúne a sus primeros discípulos.				1:35-51
Jesús convierte el agua en vino en una boda en Caná.				2:1-12
Purificación del templo en Jerusalén durante la Pascua.				2:13-25
Nicodemo y Jesús conversan.				3:1-21
Juan el Bautista testifica acerca de Jesús.				3:22-36
Herodes Antipas encarcela a Juan el Bautista.			3:19-20	
Jesús se encuentra con la mujer samaritana en el pozo.				4:1-42
MINISTERIO PRINCIPALMENTE EN GALILEA				
Lugares clave: Capernaúm, Cesarea de Filipo, Tiro/Sidón, Caná, Naín, Betsaida				
Jesús predica por toda Galilea.	4:12-17, 23-25	1:14-15	4:14-15	4:43-45
En Caná, Jesús sana al hijo de un funcionario de gobierno establecido en Capernaúm.				4:46-54
Jesús llama a los discípulos.	4:18-22	1:16-20	5:1-11	
Jesús expulsa de un hombre un espíritu impuro.		1:21-28	4:31-37	

ACONTECIMIENTO	MATEO	MARCOS	LUCAS	JUAN
Jesús sana a la suegra de Pedro y a otras personas.	8:14-17	1:29-39	4:38-44	
Jesús sana a un hombre con lepra.	8:1-4	1:40-45	5:12-16	
Jesús sana y perdona a un hombre paralítico.	9:1-8	2:1-12	5:17-26	
Jesús cena con pecadores.	9:9-13	2:13-17	5:27-32	
La gente le pregunta a Jesús acerca del ayuno.	9:14-17	2:18-22	5:33-39	
Jesús sana a un hombre en el estanque de Betesda en el día de descanso.				5:1-47
Los fariseos acusan a Jesús de quebrantar el día de descanso.	12:1-14	2:23-3:6	6:1-11	
Grandes multitudes buscan a Jesús.	12:15-21	3:7-12	6:17-19	
Nombramiento de los doce discípulos.		3:13-19	6:12-16	
El Sermón del monte, el cual incluye las bienaventuranzas, el Padrenuestro y la regla de oro.	5:1–7:29		6:20-49; 11:1-13; 16:16-17	
En Caná, Jesús sana al siervo de un oficial romano.	8:5-13		7:1-10	
En Naín, Jesús resucita de entre los muertos al hijo de una viuda.			7:11-17	
Desde la prisión, Juan el Bautista pregunta si Jesús es el Mesías.	11:1-19		7:18-35	
Aflicciones para los que no se arrepienten; descanso para los que vienen a Jesús.	11:20-30			

ACONTECIMIENTO	MATEO	MARCOS	LUCAS	JUAN
Una mujer «pecadora» unge a Jesús.			7:36-50	
Los fariseos acusan a Jesús de estar aliado con Satanás.	12:22-37	3:20-30	11:14-28	
Jesús predice su propia muerte; la señal de Jonás.	12:38-45		11:29-32	
La madre y los hermanos de Jesús llegan a verlo.	12:46-50	3:31-35	8:19-21	
Jesús enseña con parábolas.	13:1-52	4:1-34	8:1-18; 13:18-21	
Jesús calma una fuerte tormenta en el mar de Galilea.	8:23-27	4:35-41	8:22-25	
Jesús expulsa de un hombre demonios y los envía a unos cerdos.	8:28-34	5:1 20	8:26-39	
Jesús resucita a la hija de Jairo y sana a una mujer que toca su manto.	9:18-26	5:21-43	8:40-56	
Jesús sana a hombres ciegos y a un hombre mudo.	9:27-34			
Rechazan a Jesús en su propia ciudad.	13:53-58	6:1-6	4:16-30	
Jesús comisiona a los doce discípulos.	9:35–10:42	6:7-13	9:1-6	
Herodes Antipas ejecuta a Juan el Bautista.	14:1-12	6:14-29	9:7-9	
Jesús alimenta a 5000 personas con cinco panes y dos peces.	14:13-21	6:30-44	9:10-17	6:1-15
Jesús camina sobre el agua en el mar de Galilea.	14:22-36	6:45-56		6:16-21

ACONTECIMIENTO	MATEO	MARCOS	LUCAS	JUAN
Jesús enseña acerca del verdadero pan del cielo.				6:22-71
Jesús enseña acerca de la limpieza interior versus la exterior.	15:1-20	7:1-23		
Jesús sana a la hija de una mujer en Tiro/Sidón.	15:21-28	7:24-30		
Jesús sana a un hombre sordo y mudo.		7:31-37		
Jesús alimenta a 4000 personas con siete panes y unos cuantos peces.	15:29-39	8:1-10		
Los fariseos y los saduceos le piden a Jesús una señal.	16:1-12	8:11-21		
Jesús sana a un ciego en Betsaida.		8:22-26		
Pedro llama a Jesús el Mesías/Cristo.	16:13-20	8:27-30	9:18-21	
Jesús predice su muerte y resurrección.	16:21-28	8:31–9:1	9:22-27	
La transfiguración de Jesús.	17:1-13	9:2-13	9:28-36	
Jesús sana a un niño poseído por demonios.	17:14-20 (v. 21*)	9:14-29	9:37-43	
Una vez más, Jesús predice su muerte y resurrección.	17:22-23	9:30-32	9:44-45	
Enseñanzas acerca del impuesto del templo, los hijos, la grandeza, la misericordia.	17:24–18:35	9:33-50	9:46-50	

ACONTECIMIENTO	MATEO	MARCOS	LUCAS	JUAN
MINISTERIO EN JUDEA Y PEREA				
Lugares clave: Jerusalén, Betania, Jericó				
Jesús se dirige al sur hacia Jerusalén.	19:1-2	10:1	9:51-56	7:1-14
El costo de seguir a Jesús.	8:18-22		9:57-62	
Jesús enseña en el templo.				7:15-52
Jesús perdona a una mujer que fue sorprendida en adulterio.				7:53–8:11*
Disputas con los fariseos en el templo.				8:12-58
Jesús envía a los setenta y dos.			10:1-24	
La parábola del buen samaritano.			10:25-37	
Jesús visita la casa de Marta y María.			10:38-42	
Jesús pronuncia juicio sobre una generación maligna.			11:14-54	
Enseñanzas acerca del coraje, las verdaderas riquezas, el reconocimiento de los tiempos.			12:1–13:9	
Jesús sana a una mujer lisiada en el día de descanso.			13:10-17	
Jesús sana a un hombre que nació ciego.				9:1-41
Jesús dice que él es el Buen Pastor.				10:1-21
Algunos tratan de matar a Jesús por blasfemia.				10:22-42
Enseñanzas acerca de entrar en el reino de Dios.			13:22-30	

ACONTECIMIENTO	MATEO	MARCOS	LUCAS	JUAN
Jesús se lamenta por Jerusalén.	23:37-39		13:31-35	
Jesús cena con fariseos; cura a un hombre con hidropesía.			14:1-24	
Jesús explica a grandes multitudes lo que significa seguirlo.			14:25-35	
Las parábolas de la oveja perdida, la moneda perdida, el hijo perdido (hijo pródigo).	18:12-14		15:1-32	
La parábola del administrador astuto.			16:1-15	
Lázaro y el hombre rico.			16:19-31	
Enseñanzas acerca del perdón, la fe y el deber.			17:1-10	
En Betania, Jesús resucita a Lázaro de entre los muertos.				11:1-44
El Sanedrín conspira para matar a Jesús en Jerusalén.				11:45-57
Jesús sana a diez hombres con lepra; solo uno le agradece.			17:11-19	
Enseñanzas acerca de la venida del reino y de los últimos días.			17:20-37	
Parábola de la viuda persistente.			18:1-8	
Parábola del fariseo y el cobrador de impuestos.			18:9-14	
Enseñanzas sobre el divorcio.	19:1-12	10:2-12	16:18	
Enseñanzas sobre los niños.	19:13-15	10:13-16	18:15-17	
Jesús le dice a un joven rico que dé su riqueza a los pobres.	19:16-30	10:17-31	18:18-30	
La parábola de los trabajadores de la viña.	20:1-16			

ACONTECIMIENTO	MATEO	MARCOS	LUCAS	JUAN
Jesús predice de nuevo su muerte y resurrección.	20:17-19	10:32-34	18:31-34	
Santiago y Juan piden puestos de honor.	20:20-28	10:35-45		
Jesús sana a Bartimeo y a otro ciego en Jericó.	20:29-34	10:46-52	18:35-43	
Jesús visita a Zaqueo, un jefe de los cobradores de impuestos que vivía en Jericó.			19:1-27	
María unge a Jesús con un perfume costoso en Betania.	26:6-13	14:3-9		12:1-11

LA ÚLTIMA SEMANA DE JESÚS

Lugares clave: Jerusalén, Betania, monte de los Olivos, el atrio del templo, Gólgota

Domingo				
La entrada triunfal de Jesús en Jerusalén montado en un burro.	21:1-11	11:1-11	19:28-44	12:12-19
Lunes				
Jesús despeja el templo.	21:12-16	11:15-19	19:45-46	
Jesús predice una vez más su muerte.				12:20-50
Martes				
Una higuera se marchita después de que Jesús la hubo maldecido.	21:17-22	11:12-14, 20-25		
Enseñanzas acerca de entrar en el reino de Dios.	21:23–22:14	11:27–12:12	19:47–20:19	
Los fariseos tratan de desafiar a Jesús, pero Jesús los desafía a ellos.	22:15-33, 41-46	12:13-27, 35-40	20:20-47	
El mandamiento más grande: amar a Dios y amar a los demás.	22:34-40	12:28-34		

ACONTECIMIENTO	MATEO	MARCOS	LUCAS	JUAN
Enseñanzas acerca de la hipocresía.	23:1-36			
Una viuda pone dos cuadrantes/ monedas en el tesoro del templo.		12:41-44	21:1-4	
En el monte de los Olivos, Jesús enseña acerca de los últimos días.	24:1– 25:46	13:1-37	21:5-38	
Miércoles*				
Judas Iscariote acepta traicionar a Jesús por treinta piezas de plata.	26:1-5, 14-16	14:1-2, 10-11	22:1-6	
Jueves				
Jesús lava los pies de los discípulos.				13:1-17
Jesús comparte la Última Cena con sus discípulos.	26:17-30	14:12-26	22:7-30	13:18-30
Jesús predice las negaciones de Pedro.	26:31-35	14:27-31	22:31-38	13:31-38
Enseñanzas acerca de la vid/las ramas, el Espíritu Santo y el mundo.				14:1– 16:33
Jesús ora por los creyentes.				17:1-26
Jesús ora en el huerto de Getsemaní.	26:36-46	14:32-42	22:39-46	
Viernes				
Judas traiciona a Jesús, y arrestan a Jesús (después de la medianoche).	26:47-56	14:43-52	22:47-53	18:1-12
Jesús es juzgado ante Anás, Caifás y el Sanedrín.	26:57-68	14:53-65	22:54	18:13-14, 19-24
Pedro niega a Jesús tres veces, luego llora amargamente.	26:69-75	14:66-72	22:54-62	18:15-18, 25-27

*Los Evangelios no mencionan el miércoles específicamente, pero Lucas 21:37-38 sugiere que es probable que Jesús enseñó en el atrio del templo ese día. Judas y los líderes religiosos quizás conspiraron juntos ese día.

ACONTECIMIENTO	MATEO	MARCOS	LUCAS	JUAN
El Sanedrín condena a Jesús (al amanecer).	27:1-2	15:1	22:63-71	
Judas se ahorca.	27:3-10			
Jesús es juzgado ante Pilato, luego ante Herodes Antipas, y luego otra vez ante Pilato, quien sentencia a Jesús.	27:11-26	15:2-15	23:1-25	18:28–19:16
Los soldados golpean a Jesús; le ponen una corona de espinas y una túnica.	27:27-31	15:16-20		19:1-3
Llevan a Jesús al Gólgota para ejecutarlo.	27:32	15:21	23:26-32	19:17
En el Gólgota, crucifican a Jesús entre dos criminales.	27:33-44	15:22-32	23:33-38	19:18-24
Uno de los criminales cree en Jesús y le pide que lo recuerde.			23:39-43	
Jesús confía a su madre al cuidado de Juan.				19:25-27
Jesús muere en la cruz.	27:45-56	15:33-41	23:44-49	19:28-37
José de Arimatea coloca el cuerpo de Jesús en su propia tumba (antes de la puesta del sol).	27:57-61	15:42-47	23:50-56	19:38-42
Sábado				
Montan guardia romana en la tumba.	27:62-66			
Domingo				
Las mujeres encuentran la piedra de la tumba ya corrida, el cuerpo de Jesús ha desaparecido y hay ángeles allí.	28:1-8	16:1-8	24:1-8	20:1-2

ACONTECIMIENTO	MATEO	MARCOS	LUCAS	JUAN
Pedro y Juan corren hacia la tumba vacía.			24:9-12	20:3-10
APARICIONES Y ASCENSIÓN Lugares clave: Jerusalén, Galilea, Emaús				
Jesús se aparece a María Magdalena y a otras mujeres.	28:8-10	16:9-11*		20:11-18
Sobornan a los guardias para que digan que los discípulos se robaron el cuerpo de Jesús.	28:11-15			
Jesús se aparece a dos discípulos en el camino a Emaús.		16:12-13*	24:13-35	
Jesús se aparece a sus discípulos.		16:14*	24:36-49	20:19-23
Jesús se aparece a Tomás y a otros discípulos.				20:24-31
El milagro de los peces en el mar de Galilea.				21:1-14
Jesús restaura a Pedro.				21:15-25
La gran comisión.	28:16-20	16:15-18*		
Jesús asciende al cielo cuarenta días después de su resurrección.		16:19-20*	24:50-53 (Hechos 1:3-11)	

*Algunos manuscritos antiguos no tienen estos versículos.

Sidón

Damasco

Sarepta

Monte Hermón

Tiro

SIRIA

Dan

Cesarea de Filipo

Mar Mediterráneo

TETRARQUÍA DE FILIPO

Seleucia

Tolemaida (Aco)

Corazín

Betsaida

Naveh

Capernaum

Mar de Galilea

Caná

Monte Carmelo

Dión

Nazaret

GALILEA

Gadara

Abilinia

Naín

Meguido

Monte Tabor

Cesarea

Monte Gilboa

DECÁPOLIS

Samaria

SAMARIA

Siquem

Monte Ebal

Gerasa

Monte Gerizim

Sicar

Río Jordán

Jope

Antípatris

PEREA

Efraín

Jericó

Jamnia

Emaús

Monte Nebo

Asdod

Qumrán

Jerusalén

Betania

JUDEA

Belén

Ascalón

Desierto de Judea

Mar Muerto

Gaza

Hebrón

En-gadí

IDUMEA

Masada

Beerseba

67

LAS PARÁBOLAS DE JESÚS

PARÁBOLA	MATEO	MARCOS	LUCAS
La lámpara debajo de un tazón	5:14-16	4:21-22	8:16-17; 11:33-36
Los constructores sabios y necios	7:24-27		6:46-49
La tela nueva en una prenda vieja	9:16	2:21	5:36
El vino nuevo en cueros viejos	9:17	2:22	5:37-38
El sembrador y las semillas	13:3-8, 18-23	4:3-8, 13-20	8:5-8, 11-15
Las hierbas malas en el campo	13:24-30, 36-43		
La semilla de mostaza	13:31-32	4:30-32	13:18-19
La levadura	13:33		13:20-21
El tesoro escondido	13:44		
La perla de gran valor	13:45-46		
La red de peces buenos y malos	13:47-50		
El propietario de una casa	13:52		
La oveja perdida	18:12-14		15:4-7
El siervo malvado	18:23-35		
Los trabajadores del viñedo	20:1-16		
Los dos hijos	21:28-32		
Los agricultores malvados	21:33-44	12:1-11	20:9-18
El banquete de bodas	22:2-14		14:16-24

PARÁBOLA	MATEO	MARCOS	LUCAS
La higuera	24:32-35	13:28-31	21:29-33
El siervo fiel versus el malo	24:45-51		12:42-48
Las diez damas de honor	25:1-13		
Las bolsas de plata	25:14-30		19:12-27
Las ovejas y las cabras	25:31-46		
La semilla que crece		4:26-29	
Los siervos alertas		13:32-37	12:35-40
El prestamista de dinero			7:41-43
El buen samaritano			10:30-37
El amigo necesitado			11:5-8
El rico necio			12:16-21
La higuera estéril			13:6-9
El lugar más humilde de la mesa			14:7-14
El costo del discipulado			14:28-33
La moneda perdida			15:8-10
El hijo perdido			15:11-32
El administrador astuto			16:1-13
El rico y Lázaro			16:19-31
El patrón y su sirviente			17:7-10
La viuda persistente			18:2-8
El fariseo y el cobrador de impuestos			18:9-14

LOS MILAGROS DE JESÚS

MILAGRO	MATEO	MARCOS	LUCAS	JUAN
SANIDADES				
El hombre con lepra	8:1-4	1:40-45	5:12-15	
El sirviente del oficial romano	8:5-13		7:1-10	
La suegra de Pedro	8:14-15	1:29-31	4:38-39	
La expulsión de demonios	8:28-34	5:1-20	8:26-39	
El hombre paralítico	9:1-8	2:1-12	5:17-26	
La mujer con hemorragia	9:20-22	5:25-34	8:43-48	
Los dos ciegos	9:27-31			
El hombre mudo, poseído por demonios	9:32-33		11:14	
El hombre con la mano deforme	12:9-13	3:1-5	6:6-10	
El hombre ciego, mudo y poseído por un demonio	12:22-23			
La hija de una mujer gentil	15:21-28	7:24-30		
El muchacho endemoniado	17:14-21	9:14-29	9:37-42	
El ciego (Bartimeo)	20:29-34	10:46-52	18:35-43	
El sordomudo		7:31-37		
El hombre poseído por un demonio en la sinagoga		1:21-28	4:31-37	
El ciego de Betsaida		8:22-26		
La mujer lisiada			13:10-17	
El hombre con hidropesía			14:1-4	

MILAGRO	MATEO	MARCOS	LUCAS	JUAN
Los diez hombres con lepra			17:11-19	
El esclavo del sumo sacerdote			22:49-51	
El hijo del funcionario de gobierno				4:46-54
El hombre enfermo en el estanque de Betesda				5:1-15
El hombre que nació ciego				9:1-41
PODER SOBRE LA NATURALEZA				
Calma de la tormenta	8:23-27	4:35-41	8:22-25	
Alimentación de 5000 personas	14:13-21	6:32-44	9:10-17	6:1-13
Camina sobre el agua	14:22-33	6:45-51		6:16-21
Alimentación de 4000 personas	15:29-38	8:1-9		
La gran moneda de plata en el pescado	17:24-27			
La higuera que se marchitó	21:18-22	11:12-14, 20-25		
La gran pesca			5:4-11	
El agua que se convirtió en vino				2:1-11
Otra gran pesca				21:1-11
RESURRECCIÓN DE MUERTOS				
La hija de Jairo	9:18-19, 23-26	5:21-24, 35-43	8:40-42, 49-56	
El hijo de la viuda			7:11-17	
Lázaro				11:1-44

CAPÍTULO 4

Quién es quién en los Evangelios

Andrés

MARCOS 1:16; JUAN 1:40

Este hermano de Simón Pedro era pescador y fue discípulo de Juan el Bautista antes de llegar a ser un seguidor de Jesús (Juan 1:35, 40). Lo primero que hizo Andrés al encontrarse con Jesús fue «buscar a su hermano Simón y le dijo "hemos encontrado al Mesías" (que significa "Cristo")» (Juan 1:41). En la alimentación milagrosa de los cinco mil, Andrés es el discípulo que encontró al niño con un pequeño almuerzo (Juan 6:8-9). Según la tradición, Andrés murió como mártir en Acaya.

San Andrés el apóstol
por Yoan de Gabrovo

Los ángeles

MATEO 28:2-5; LUCAS 1-2

Los ángeles son mensajeros divinos, seres espirituales con poderes sobrenaturales. Aparecen en cada uno de los cuatro Evangelios, en especial en el nacimiento de Jesús (Lucas 1:19, 26) y después de su resurrección, cuando la apariencia de uno se describe «como un relámpago» con ropa «blanca como la nieve» (Mateo 28:3) y cuando Lucas describe que tienen apariencia humana (Lucas 24:4; Hechos 1:10). Mateo reporta que ángeles ministraron a Jesús después de su tentación en el desierto (Mateo 4:11). Lucas también menciona a un ángel que fortalece a Jesús durante su agonizante tiempo de oración en el huerto de Getsemaní, justo antes de su arresto (22:43).

Ana

LUCAS 2:36-38

Esta viuda y profetisa muy anciana se dedicó a orar y a ayunar en el templo de Jerusalén. Ella saludó con entusiasmo a María y a José cuando llevaron a Jesús al templo a presentarlo y «habló del niño a todos los que esperaban que Dios rescatara a Jerusalén» (Lucas 2:38).

Anás
LUCAS 3:2

Anás fue el sumo sacerdote judío desde el año 6 al 15 d. C. Incluso después de que lo destituyeron de su cargo y lo reemplazó su yerno Caifás, Anás siguió siendo una figura poderosa. Lo demuestra el hecho de que Jesús fue juzgado ante él (Juan 18:13, 19-24).

Barrabás
MATEO 27:16-26

Fue el notorio criminal acusado de robo, insurrección y asesinato, a quien la turba que estaba en el palacio de Pilato eligió liberar en lugar de Jesús.

Bartolomé
MATEO 10:3

En las tres listas de los discípulos en los Evangelios, Bartolomé siempre aparece de inmediato después de Felipe. Fuera de estas tres listas de los Evangelios (y el de Hechos 1:13), no volvemos a ver su nombre en el Nuevo Testamento. Puesto que en Juan 1:45-51 se describe que Felipe le presentó a un «Natanael» a Jesús, muchos eruditos creen que Bartolomé y Natanael eran la misma persona. Si es así, Juan nos dice que Jesús lo llamó un «hijo de Israel, un hombre totalmente íntegro» (1:47). Natanael respondió diciéndole a Jesús: «Rabí, ¡tú eres el Hijo de Dios, el Rey de Israel!» (1:49).

Bartimeo
MARCOS 10:46-52

Jesús sanó a este ciego, hijo de Timeo, cerca de Jericó. No se menciona en los relatos paralelos que se encuentran en Mateo 20:29-34 y Lucas 18:35-43, y el relato de Mateo habla de dos hombres ciegos que fueron sanados.

Jesús sanando al ciego Bartimeo por Johann Heinrich Stöver

César Augusto

LUCAS 2:1

Fue el emperador romano desde el año 27 a. C. hasta el 14 d. C.; fue el César que estaba en el poder cuando Jesús nació.

Caifás

MATEO 26:3-5; HECHOS 4:6-7

Este yerno de Anás fue el poderoso sumo sacerdote judío durante el ministerio de Cristo y en los primeros años de la iglesia, 18–36 d. C. Contribuyó decisivamente a la muerte de Jesús (Juan 11:49-50).

César Augusto

Cleofas

LUCAS 24:18

No debe confundirse con Cleofas, el esposo de María (Juan 19:25). Cleofas fue uno de los dos seguidores de Jesús que inesperadamente se encontraron con Cristo en el camino a Emaús, después de su resurrección. Mientras caminaban, estos discípulos recibieron un curso intensivo sobre cómo las Escrituras del Antiguo Testamento apuntaban específicamente a la vida y el ministerio del hombre que conocían como Jesús. Más adelante, cuando los hombres reconocieron a Jesús mientras comían con él, «Jesús desapareció» (Lucas 24:30-31).

Cena con dos discípulos de Emaús

Los demonios
MATEO 12:24; LUCAS 4:41

Los Evangelios registran muchos casos en los que Jesús expulsó demonios de las personas, con lo cual demostró tanto su compasión por los afligidos como su poder sobre el reino espiritual (ver, por ejemplo, Marcos 5:1-20; Lucas 4:31-37). Jesús también habló de «el diablo y sus demonios» (Mateo 25:41). La mayoría de los eruditos cristianos interpretan que las referencias bíblicas a los demonios y espíritus malignos o «impuros» se refieren a un grupo de ángeles caídos y rebeldes, dirigidos por Satanás. La Biblia no dice cuántos demonios existen, aunque Apocalipsis 12:4 (también escrito por Juan, el escritor del cuarto Evangelio) sugiere que una tercera parte de los ángeles se unió al diablo en su inútil guerra contra Dios en algún momento del pasado distante. Aunque se muestra que Satanás y los demás ángeles caídos tienen un enorme poder destructivo, siempre están sujetos a Dios (Lucas 4:33-36).

Elisabet
LUCAS 1:5-7

Fue la esposa del sacerdote Zacarías y llegó a ser la madre de Juan el Bautista, precursor de Jesús. Era pariente de María, la madre de Jesús (Lucas 1:36). Cuando se encontró por primera vez con María estando embarazada, Elisabet fue llena del Espíritu Santo y estalló en alabanza espontánea, ¡e informó que incluso sintió que el bebé en su propio vientre saltó de alegría! (Lucas 1:44).

Gabriel
LUCAS 1:26

Uno de los dos únicos ángeles «buenos» que se mencionan por nombre en la Biblia (el otro es Miguel). Gabriel fue el mensajero celestial que anunció los inminentes nacimientos de Juan el Bautista a Zacarías y de Jesús a María (Lucas 1:11-20, 26-33).

LOS DOCE DISCÍPULOS

- Pedro (Simón)
- Andrés, el hermano de Pedro
- Santiago, el hijo de Zebedeo
- Juan, el hijo de Zebedeo
- Felipe
- Bartolomé
- Tomás
- Mateo (Leví)
- Santiago, el hijo de Alfeo
- Tadeo (Judas, el hijo de Santiago)
- Simón, el zelote
- Judas Iscariote

Mateo 10:2-4; Marcos 3:13-19; Lucas 6:12-16

Herodes Antipas
LUCAS 3:19

Hijo de Herodes el Grande; fue tetrarca de Galilea y Perea desde aproximadamente el año 4 a. C. hasta el año 39 d. C. Es mencionado a menudo en los Evangelios. Encarceló y decapitó a Juan el Bautista por condenar su matrimonio con la esposa de su medio hermano Felipe (Marcos 6:14-28). Jesús lo llamó «zorro», al referirse a la falsedad de Herodes (Lucas 13:31-32). Interrogó a Jesús estando bajo juicio a petición de Pilato (Lucas 23:7-12).

Herodes Antipas por James Tissot

Herodes Arquelao
MATEO 2:22

Hermano de Herodes Antipas; gobernó Samaria y Judea desde el año 4 a. C. al 6 d. C. Cuando José se enteró de que Herodes Arquelao había sucedido a Herodes el Grande, trasladó a su familia de Judea a Nazaret en Galilea para proteger a Jesús (Mateo 2:19-23).

Herodes el Grande
MATEO 2:1-18

El rey de los judíos desde el año 37 a. C. hasta el 4 d. C., Herodes el Grande era un judío de ascendencia idumea, quien fue extremadamente leal a Roma. Se le atribuye la remodelación del segundo templo judío, el cual convirtió en un lugar de ostentación. Cuando unos sabios del Oriente llegaron a Jerusalén en busca de un rey recién nacido, Herodes se volvió paranoico por tener un rival potencial y trató de averiguar dónde se encontraba ese niño para poder matarlo. Los sabios no divulgaron el paradero de Jesús, y pasaron por alto a Jerusalén en su viaje a casa. Como resultado, Herodes ordenó el asesinato indiscriminado de todos los niños varones en las cercanías de Belén. Herodes el Grande fue el padre de Herodes Antipas, quien gobernó tres décadas más adelante, cuando Jesús fue arrestado, juzgado y ejecutado. La vida de Jesús estuvo rodeada de interacciones con este padre y su hijo.

Herodías

MARCOS 6:17-22

Se divorció de su esposo Felipe para casarse con el medio hermano de él, Herodes Antipas. Cuando Juan el Bautista condenó esa relación, Herodías se enojó e hizo que su hija Salomé bailara para Herodes en su cumpleaños. Él estaba tan contento que prometió darle lo que ella quisiera. Presionada por su madre, Salomé pidió la cabeza de Juan el Bautista en una bandeja (Mateo 14:1-12). Herodes se la dio.

Jairo

MARCOS 5:22-43; LUCAS 8:41-56

Este líder de la sinagoga de Capernaúm le rogó a Jesús que fuera a sanar a su hija que estaba gravemente enferma. Como la niña murió antes de que llegaran, Jesús animó a Jairo a creer, ¡y luego resucitó a la niña de entre los muertos!

Santiago, el hermano de Jesús

MATEO 13:55; JUAN 7:3-5

Al parecer, este hermano de Jesús no creyó en él como Mesías hasta después de la resurrección (1 Corintios 15:7). Santiago llegó a ser el líder de la iglesia de Jerusalén (Hechos 15:13) y escribió la Epístola de Santiago del Nuevo Testamento.

Santiago, el hijo de Alfeo

MATEO 10:3; MARCOS 3:18; LUCAS 6:15

Es uno de los doce apóstoles quien también es llamado «Santiago el Joven» y «Santiago el Menor», pero no se sabe mucho más acerca de él (Hechos 1:13). Debido a que se describe a Mateo en Marcos 2:14 como «el hijo de Alfeo», algunos creen que Santiago y Mateo (Leví) eran hermanos.

LOS HERMANOS DE JESÚS

Se sabe poco acerca de la familia de Jesús, pero Mateo 13:55-56 indica que Jesús tenía al menos cuatro hermanos: Santiago, José, Simón y Judas, y varias hermanas. Santiago es el autor de la Epístola de Santiago del Nuevo Testamento, y algunos estudiosos de la Biblia especulan que Judas es, en realidad, el Judas que escribió la epístola que lleva su nombre.

Santiago, el hermano de Jesús

Santiago, el hijo de Zebedeo
MATEO 4:21; HECHOS 12:1-2

Santiago estaba en el negocio familiar de pesca con su hermano Juan y el padre de ambos, Zebedeo, antes de llegar a ser seguidor de Jesús, y, finalmente, uno de los doce apóstoles. Como siempre es mencionado antes de su hermano, se cree que era mayor. Su madre era Salomé (Mateo 27:56), quien pudo haber sido la hermana de María, la madre de Jesús (Juan 19:25). Si eso es cierto, Santiago y Juan eran primos hermanos de Jesús. Santiago fue el primero de los apóstoles en ser martirizado en el año 44 d. C., por orden de Herodes Agripa (Hechos 12:2).

Juana
LUCAS 8:2-3

Lucas nos dice que esta mujer —quien era esposa de Chuza, un administrador de Herodes Antipas— había sido víctima de espíritus malignos y enfermedades hasta que Jesús la liberó y la sanó. Luego, ella llegó a ser una patrocinadora de su ministerio y, posiblemente, testigo de la crucifixión y resurrección (Lucas 23:55–24:10).

Juan el Bautista
MATEO 3:13-17; 14:1 11; LUCAS 1:5-17

El hijo que Elisabet y Zacarías nunca esperaban tener fue el precursor del Mesías que se profetizó en el Antiguo Testamento (Isaías 40:3; Malaquías 3:1). A través de su madre, era pariente de Jesús (Lucas 1:36). Juan, un audaz profeta de Dios, comía langostas y miel silvestre, vestía ropa de piel de camello y vivía en el desierto al

El bautismo de Jesús por San Juan el Bautista

oriente de Jerusalén (Marcos 1:6). Cuando grandes multitudes comenzaron a acudir desde Jerusalén y las áreas circundantes para escucharlo predicar (alrededor del año 26 d. C.), Juan las llamaba a arrepentirse y bautizaba a quienes lo hacían. Con el tiempo, los dirigió a Jesús, a quien presentó como «el Cordero de Dios, que quita el pecado del mundo» (Juan 1:29, 36). Juan bautizó a Jesús en el río Jordán, aunque a regañadientes al principio.

Más adelante, lo encarcelaron por condenar públicamente la relación ilícita de Herodes Antipas con su cuñada Herodías (Marcos 6:17). Mientras estaba en la cárcel, Juan tuvo un breve ataque de duda, al cuestionar su creencia en Jesús como el Mesías (Mateo 11:2-3). A través de mensajeros, Jesús le corroboró a Juan su verdadera identidad mesiánica y luego alabó la grandeza del ardiente predicador ante las multitudes masivas. Herodes Antipas hizo decapitar a Juan, a petición de Herodías y la hija de esta (Mateo 14:3-11).

Juan, el hijo de Zebedeo
MATEO 4:18-22; APOCALIPSIS 1:1

Juan fue uno de los primeros seguidores de Jesús y más adelante llegó a ser apóstol. Jesús se refirió a Juan y a su hermano Santiago como los «hijos del trueno» (Marcos 3:17), probablemente debido a sus temperamentos enérgicos y a su deseo de hacer descender fuego del cielo sobre un pueblo de samaritanos inhospitalarios (Lucas 9:52-56). Con el tiempo, Juan llegó a ser uno de los confidentes más cercanos de Jesús, e incluso comenzó a referirse a sí mismo como «el discípulo a quien Jesús amaba» (Juan 13:23; 19:26; 21:7, 20). A Juan se le atribuye haber escrito el cuarto Evangelio, las tres epístolas del Nuevo Testamento que llevan su nombre y el libro de Apocalipsis (mientras estaba exiliado en la isla de Patmos, frente a la costa de Grecia).

San Juan el evangelista

Según la tradición, fue el único apóstol que no sufrió el martirio.

José
MATEO 1:18-25

Este carpintero nazareno era un hombre honorable, de carácter tranquilo (Mateo 1:19). Fue el esposo de María, la madre de Jesús. Aunque no era el padre biológico de Jesús, actuó como su padre legal, y, al parecer, le enseñó la vocación de carpintería (Marcos 6: 3). Protegía a su familia y siempre se apresuró a obedecer los mandamientos de Dios (Mateo 1:19; 2:13-15). La última vez que vemos a José fue en el templo de Jerusalén cuando Jesús tenía doce años (Lucas 2:41-50). Después de eso, desaparece del registro de los Evangelios, lo que lleva a algunos a especular que debe de haber muerto antes de que Jesús comenzara su ministerio público.

José de Arimatea
MATEO 27:57; MARCOS 15:42-46

Era un miembro pudiente del consejo judío, llamado Sanedrín, y un discípulo secreto de Jesús. Protestó por el complot para que Jesús fuera arrestado y sentenciado a muerte, le «prestó» su tumba a Jesús y lo preparó personalmente para la sepultura, con la ayuda de Nicodemo.

Judas Iscariote
MATEO 26:14-15; 27:5; JUAN 6:70-71; 12:4-5

Judas fue el discípulo que se robaba el dinero que otros generosamente donaban para el ministerio de Jesús y que, al final, traicionó a Jesús con un beso por treinta piezas de plata. Lleno de remordimiento, Judas devolvió más adelante el dinero y se ahorcó (Mateo 27:5). Jesús declaró acerca de él: «Qué aflicción le espera a aquel que lo traiciona. ¡Para ese hombre sería mucho mejor no haber nacido!» (Marcos 14:21).

Lázaro
JUAN 11

Lázaro era hermano de María y Marta de Betania (Juan 11:3, 5); estuvo presente en la famosa cena que se dio en honor de Jesús, durante la cual María ungió los pies de Jesús con un perfume costoso (Juan 12:1-3). Lázaro es recordado mayormente porque Jesús lo resucitó de entre los muertos *cuatro días* después de haber sucumbido a una enfermedad desconocida. Juan 12:10-11 informa que los enfurecidos sumos sacerdotes, además de discutir cómo matar a Jesús, querían matar a Lázaro ¡porque muchos judíos creían en Jesús por causa de él!

La resurrección de Lázaro

Lucas
LUCAS 1:1-4

Aunque no es mencionado en los Evangelios, a Lucas se le atribuye la escritura del Evangelio que lleva su nombre, y su continuación, el libro de los Hechos. Era un médico gentil que llegó a ser colega del apóstol Pablo en el ministerio.

Lisanias
LUCAS 3:1

Era el tetrarca de Abilinia, la región al occidente de Damasco, cuando Juan el Bautista ministraba.

Malco
JUAN 18:10

San Lucas el evangelista

A Malco, el siervo del sumo sacerdote, Pedro le cortó la oreja mientras aprehendían a Jesús en el huerto de Getsemaní. De inmediato, Jesús restauró la oreja cortada.

Marcos
HECHOS 12:12; COLOSENSES 4:10

Aunque no es mencionado explícitamente en los Evangelios, Marcos es considerado como el autor del segundo Evangelio. Algunos creen que puede ser el joven sin nombre que se menciona en Marcos 14:51-52. Si es así, entonces tuvo alguna experiencia de primera mano con Jesús. Lo que sí sabemos acerca de Marcos (también llamado Juan) es que vivía en Jerusalén con su madre (Hechos 12:12) y que era primo de Bernabé (Colosenses 4:10). También fue miembro del primer equipo misionero del apóstol Pablo, hasta que abandonó abruptamente la misión a mitad del viaje (Hechos 13:5, 13). Esa partida causó un distanciamiento entre Pablo y Bernabé mientras planeaban su segundo viaje misionero (Hechos 15:36-41). Pablo estaba reacio a llevarse a Marcos de nuevo, y Bernabé quería darle a su primo una segunda oportunidad. Con el tiempo, Marcos recuperó la confianza de Pablo, y llegó a ser uno de sus colegas más queridos (2 Timoteo 4:11). También fue un colaborador cercano del apóstol Pedro. De hecho, Pedro lo llama «mi hijo» en 1 Pedro 5:13. Es probable que Pedro fue quien le proporcionó a Marcos gran parte del material «de primera mano» para su Evangelio.

Marta
LUCAS 10:38-42; JUAN 11

Marta, hermana de María y Lázaro, vivía en Betania, un pueblo en el lado oriental del monte de los Olivos, a unos tres kilómetros de Jerusalén. Estos hermanos disfrutaban de una relación especialmente estrecha con Jesús, y lo hospedaban cada vez que pasaba por su ciudad. En una de las visitas de Jesús, Marta se frustró con María porque, mientras ella estaba ocupada preparando comida para sus invitados, María estaba sentada junto a Jesús escuchándolo. Cuando Marta no pudo soportarlo más, exclamó: «¿No te parece injusto que mi hermana esté aquí sentada mientras yo hago todo el trabajo? Dile que venga a ayudarme» (Lucas 10:40). Jesús corrigió suavemente a su amiga, y le dijo: «¡Estás preocupada y tan inquieta con todos los detalles! Hay una sola cosa por la cual vale la pena preocuparse. María la ha descubierto» (10:41-42).

María Magdalena
MATEO 27:61

Anteriormente, María había sido poseída por demonios hasta que Jesús la liberó, y llegó a ser una de sus seguidoras más devotas. María estuvo presente en la crucifixión de Jesús (Marcos 15:40) y fue la primera en llegar a la tumba vacía el Domingo de Resurrección (Juan 20:1-18).

La aparición de Jesús a María Magdalena por Alexander Andreyevich Ivanov

María, la madre de Jesús
LUCAS 1:26-38; 2:4-5

El ángel Gabriel visitó a la virgen y futura esposa de José y le anunció que concebiría un hijo por el Espíritu Santo, ¡y que el niño sería el Salvador del mundo! Después de casarse con José, dio a luz a Jesús en un viaje a Belén que ordenó el gobierno. Más adelante tuvo otros hijos e hijas (Marcos 6:3), y parece que ya había enviudado cuando Jesús comenzó su ministerio público (Mateo 13:55; Juan 19:25-27). Ella estuvo presente en el primer milagro de Jesús (Juan 2:1-11). Estuvo en Jerusalén con Jesús y sus otros discípulos durante la última semana de su vida. Desde la cruz, Jesús le pidió al apóstol Juan que cuidara a María (Juan 19:26-27).

María, la hermana de Marta
LUCAS 10:38-42

Esta hermana contemplativa de Marta y Lázaro a menudo se encuentra en los Evangelios inclinada o sentada reverentemente frente a Jesús, escuchándolo enseñar (Lucas 10:38-42) mientras le suplica en oración (Juan 11:32) o para lavar y ungir sus pies (Juan 12:1-3).

María, la esposa de Cleofas
JUAN 19:25

Cristo en la casa de Marta y María
por Johannes Vermeer

Fue una fiel seguidora de Jesús, y probablemente es la misma María llamada «la madre de Santiago y José» (Mateo 27:56; Marcos 15:40, 47; 16:1) y «la otra María» (Mateo 27:61; 28:1).

Mateo
MATEO 9:9; 10:3; MARCOS 2:13-15

Este hijo de Alfeo había sido anteriormente un cobrador de impuestos en Capernaúm, donde vivían Pedro y Andrés (¡lo que significa que de seguro les exigió impuestos!). Mateo llegó a ser discípulo de Jesús y, con el tiempo, escribió el Evangelio de Mateo. En el capítulo 10 de su Evangelio, Mateo hace una lista de los apóstoles y se refiere a sí mismo como «Mateo (el cobrador de impuestos)». Los otros Evangelios sinópticos no mencionan la anterior y dudosa ocupación de Mateo (ver Marcos 3:16-19; Lucas 6:14-16), lo cual sugiere que, tal vez, Mateo quería resaltar la aceptación misericordiosa que Jesús hizo de pecadores como él.

Moisés y Elías
MATEO 17:1-8

Estos dos profetas del Antiguo Testamento aparecieron brevemente con Jesús durante el acontecimiento de la Transfiguración (Marcos 9:1-13; Lucas 9:27-36).

Nicodemo
JUAN 3:1-21

A Nicodemo, un fariseo y «gobernante de los judíos» (miembro del Sanedrín), solo es mencionado en el Evangelio de Juan. Es reconocido mayormente por haber procurado una audiencia privada con Jesús por la noche, durante la cual Jesús le dijo: «A menos que nazcas de nuevo, no puedes ver el reino de Dios» (Juan 3:3). Al parecer, esa conversación impactó a Nicodemo. Más adelante, durante una discusión en la cual los miembros del Sanedrín censuraban a Jesús, Nicodemo salió en su defensa y se burlaron de él por eso (7:50-52). Después de la muerte de Jesús, Nicodemo ayudó a José de Arimatea, otro miembro del consejo como él, a enterrar a Jesús (19:39-42).

Jesús y Nicodemo
por William Brassey Hole

Los fariseos
MATEO 9:11; 19:3; MARCOS 2:24

Era un poderoso grupo judío durante el tiempo de Cristo, el cual adaptó con vigor la ley escrita de Moisés para cubrir toda la vida judía; sus interpretaciones orales de la ley se consideraban de gran autoridad hasta que Jesús desafió muchas de sus presuposiciones y conclusiones, lo cual los enfureció.

Felipe
MATEO 10:3

Felipe era nativo de Betsaida y, por lo tanto, un conocido, si no, un amigo cercano de Andrés y Pedro; Jesús le dijo: «Ven, sígueme» (Juan 1:43-44). Felipe llevó a Natanael a Jesús y, con el tiempo, fue nombrado como uno de los doce apóstoles. En la alimentación de los cinco mil, Felipe es el que trató de calcular cuánto dinero costaría proporcionar comida a una multitud tan grande; determinó que el salario de medio año no hubiera sido suficiente. Al parecer, Felipe era amable y accesible. Un buen ejemplo es que, cuando algunos no judíos querían visitar a Jesús, primero se acercaron a Felipe (Juan 12:20-22). Él se lo dijo a Andrés, y los dos llevaron la petición a Jesús. La tradición dice que Felipe predicó en lo que conocemos como Ucrania y murió en Hierápolis, en lo que hoy es la actual Turquía.

Felipe el tetrarca
LUCAS 3:1

Felipe era hijo de Herodes el Grande y gobernó Iturea, la región al norte de Galilea, desde el año 4 a. C. hasta el 39 d. C., durante el tiempo de Cristo.

Poncio Pilato
MATEO 27:1-2

Pilato, el prefecto (gobernador) romano del año 26 al 36 d. C., es muy famoso por presidir el juicio ilegítimo de Jesús. Pilato cedió ante la multitud y liberó al criminal Barrabás, y luego sentenció a Jesús a muerte por crucifixión, a pesar de las objeciones de su esposa (Mateo 27:19).

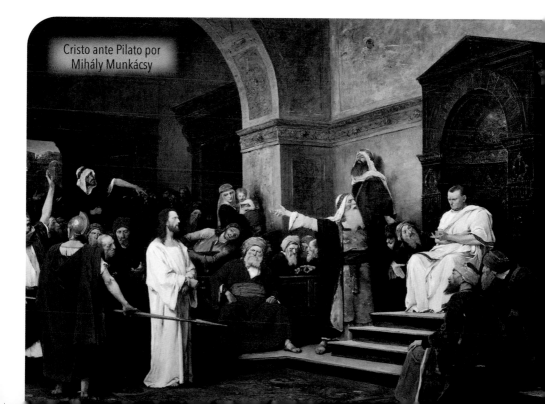

Cristo ante Pilato por Mihály Munkácsy

Cirenio
LUCAS 2:2

Era el gobernador romano de Siria (6–12 d. C.) alrededor del tiempo en que nació Jesús.

Los saduceos
MATEO 16:1;
LUCAS 20:27

Esta secta aristocrática judía de la época de Cristo estaba compuesta por miembros que pertenecían a la influyente clase sacerdotal. Dominaban el Sanedrín, el consejo gobernante judío. Los

Los fariseos y los herodianos conspiran contra Jesús por James Tissot

saduceos, menos religiosos y más helenizados (simpatizantes de la cultura y los ideales griegos), con frecuencia tenían conflicto con los fariseos porque aceptaban solo los cinco libros de Moisés y no todas las tradiciones orales que los fariseos habían desarrollado y defendían. Los saduceos y los fariseos estaban de acuerdo en poco, pero estaban unidos en su oposición a Jesús.

Salomé, la madre de Santiago y Juan
MATEO 20:20-28; MARCOS 15:40; 16:1; JUAN 19:25

Esta audaz esposa de Zebedeo se acercó a Jesús y le pidió que sus hijos tuvieran lugares de honor en el reino de Jesús. Muchos piensan que era hermana de María, la madre de Jesús.

El Sanedrín
MATEO 26:59; JUAN 11:47

Este poderosísimo cuerpo gobernante de los judíos estaba compuesto por setenta miembros. Funcionaba como una Corte Suprema en asuntos religiosos, y el sumo sacerdote actuaba como una especie de presidente del tribunal.

Satanás

MATEO 4:10; MARCOS 1:13; LUCAS 4:1-13

El nombre *Satanás* significa «adversario» y se refiere al diablo, el jefe de los demonios, que se opone violentamente a los planes, los propósitos y al pueblo de Dios. Jesús se encontró con él en el desierto después de su

bautismo, y rechazó cada una de sus tentaciones citando la Palabra de Dios (Mateo 4:1-10). Más adelante, Jesús llamó al diablo asesino y mentiroso (Juan 8:44), quien gobierna este mundo (Juan 12:31) y el maligno (Juan 17:15). En Apocalipsis, el último libro de la Biblia, el diablo es llamado el Destructor (9:11), el dragón (12:3), la serpiente (12:9) y el acusador (12:10). Finalmente, será arrojado al lago de fuego para siempre (Apocalipsis 20:10).

La tentación de Cristo por Ary Scheffer

Los escribas

MATEO 2:4; 23:2-34; MARCOS 2:6

Estos líderes religiosos judíos (Lucas se refirió a ellos como «maestros de la ley») copiaron con cuidado las Escrituras hebreas a mano, y en la época de Cristo era conocido por dos rasgos distintivos: su estudio riguroso de la Torá (la ley escrita de Moisés) y sus meticulosos intentos de aplicarla a todos los aspectos de la vida. La mayoría de los escribas estaban afiliados al partido de los fariseos. Sus opiniones y enseñanzas se consideraban de gran autoridad y, por lo tanto, se vieron amenazados cuando las enseñanzas de Jesús contradecían sus propias interpretaciones de la ley mosaica.

Simeón

LUCAS 2:25-34

Simeón era un judío devoto a quien Dios le había prometido que no moriría hasta que hubiera presenciado la venida del Mesías. El Espíritu movió a Simeón a ir al templo el mismo día en que María y José presentaban al niño Jesús. Allí, el anciano se regocijó al lograr ver al Mesías y profetizó sobre Jesús y María.

Simón de Cirene
MATEO 27:32

Fue el espectador a quien los soldados romanos que iban a ejecutar a Jesús obligaron a llevar su cruz. Marcos lo identifica como el padre de Alejandro y Rufo (Marcos 15:21). Posiblemente se trate del mismo Rufo que se menciona en Romanos 16:13.

Simón el leproso
MARCOS 14:3

Debido a que en Mateo y Marcos se menciona que vivía en Betania y que hospedó a Jesús, algunos han especulado que, tal vez, era el padre de Lázaro, o el esposo ya sea de Marta o de María, o que Simón era solo otro nombre

Simón de Cirene lleva la cruz de Jesús por Rene de Cramer

para Lázaro. Puesto que la lepra le impedía al enfermo asistir a eventos sociales, la enfermedad de Simón parece haber quedado en el pasado y, tal vez, la cena que se describe en Marcos 14 fue una forma de agradecerle a Jesús por curarlo.

Simón Pedro
MATEO 4:18; LUCAS 22:54-62

Este simple, impulsivo y a menudo temerario pescador galileo de Betsaida era el hermano de Andrés, y llegó a ser el más franco de los doce apóstoles. Él, Santiago y Juan formaron el «círculo íntimo» de Jesús. Fue audaz en su creencia de que Jesús era el Mesías (Mateo 16:16) y Jesús le dio el apodo de Pedro, o Cefas en arameo, el cual significa «la roca». Durante el arresto de Jesús, Pedro sacó su espada y cortó la oreja de uno de los miembros de la turba, aunque Jesús sanó al hombre en el acto (Juan 18:10-11). Sin embargo, unas horas más tarde, «la roca» se derrumbó bajo presión y negó que conocía a Jesús. Después de la resurrección, Jesús restauró a Pedro (Juan 21:15-17). Pedro entonces se convirtió en líder, portavoz y apologista de la iglesia primitiva. Escribió dos epístolas en el Nuevo Testamento (1 y 2 Pedro). Según la tradición, fue crucificado boca abajo porque no se consideraba digno de morir de la misma manera que su maestro.

Simón el fariseo
LUCAS 7:36-50

Fue el líder religioso judío que invitó a Jesús a cenar con él, en cuya cena se negó a brindarle las atenciones acostumbradas, y luego se volvió su crítico cuando Jesús permitió que una mujer «pecadora» sollozara a sus pies y los ungiera con perfume. Este incidente llevó a Jesús a contar la parábola de los dos deudores.

Simón el zelote
MATEO 10:4; MARCOS 3:18; LUCAS 6:15; HECHOS 1:13

Simón fue un discípulo de Jesús a quien se describe como zelote. Puede haber sido un miembro de los zelotes, un grupo político revolucionario que quería expulsar a los romanos ocupantes de la patria judía, o simplemente un fanático religioso, alguien que era «celoso» de la ley de Dios, como los fariseos. Algunos han especulado que Simón podría haber sido el novio en las bodas de Caná de Galilea, donde Jesús realizó su primer milagro (Juan 2:1-11). Según la tradición, fue misionero en Persia.

Susana
LUCAS 8:2-3

Fue seguidora de Jesús y patrocinadora de su ministerio.

Tadeo
MATEO 10:3; MARCOS 3:18

Está incluido en la lista de los discípulos originales; algunos eruditos piensan que este es otro nombre de Judas, hijo de Santiago (Lucas 6:16; Hechos 1:13). Si es así, es mencionado una vez en los Evangelios cuando le hace una pregunta a Jesús: «Judas (no Judas Iscariote, sino el otro discípulo con el mismo nombre) le dijo: "Señor, ¿por qué te darás a conocer solo a nosotros y no al mundo en general?"» (Juan 14:22). No se sabe nada más acerca de él.

Simón Pedro

Teófilo

LUCAS 1:3

Lucas dirigió su evangelio y el libro de los Hechos a esta persona, cuyo nombre significa «amado de Dios» o «amante de Dios». Teófilo no se menciona en ninguna otra parte del Nuevo Testamento. Algunos han especulado que Teófilo es un nombre genérico para todos los que aman a Dios. Otros han dicho que era una persona real, prominente en la iglesia primitiva y, tal vez, incluso un patrocinador de Lucas.

Tomás

JUAN 20:19-29

Tomás, también llamado Dídimo (Juan 11:16), que significa «el gemelo», es conocido como el «discípulo incrédulo» por ser escéptico de las noticias iniciales de que Jesús había resucitado de entre los muertos. (Él no había estado presente con los otros apóstoles cuando Jesús se les apareció como grupo). Una semana después, cuando Jesús se le apareció de nuevo a todo el grupo, la duda de Tomás desapareció cuando cayó a los pies de Jesús y exclamó: «¡Mi Señor y mi Dios!». Según la tradición, sufrió el martirio por predicar el evangelio en la India.

Tiberio César

LUCAS 3:1

Fue el emperador romano del año 14 al 37 d. C., durante el ministerio de Jesús. Tiberio nombró a Poncio Pilato gobernador de Judea en el año 26 d. C.

Zaqueo

LUCAS 19:1-10

La vida de Zaqueo, jefe corrupto de los cobradores de impuestos de Jericó, cambió radicalmente un día tras haberse subido a un árbol para echarle un vistazo a Jesús, y luego terminó reuniéndose en privado con

Tiberio César

él. Para mostrar su arrepentimiento, Zaqueo prometió pagar cuatro veces a todos los que había estafado y también dar generosamente a los pobres. Uno de los padres de la iglesia primitiva, Clemente de Alejandría, afirmó que Zaqueo, con el tiempo, se convirtió en el obispo de Cesarea.

Zacarías
LUCAS 1:5-7

Zacarías era un sacerdote judío de la división de Abías, y geográficamente provenía de la región montañosa de Judea. Estaba de servicio en Jerusalén, quemando incienso en el lugar santo del templo, cuando lo visitó el ángel Gabriel. El ángel le dio a Zacarías la noticia de que su esposa, Elisabet, daría a luz un hijo. Ese fue un anuncio especialmente sorprendente, pues Zacarías y Elisabet eran de edad avanzada y no tenían hijos. Ese hijo, a quien debían llamar Juan, prepararía al pueblo judío para la venida del Mesías. Como Zacarías dudó de las palabras de Gabriel, porque no podía imaginar que una pareja de edad tan avanzada pudiera engendrar un hijo, quedó incapacitado para hablar hasta el nacimiento de su hijo. Una vez el niño hubo nacido, Zacarías se comunicó escribiendo que su nombre debía ser Juan, y su capacidad para hablar fue restaurada. Zacarías estalló con una exclamación profética llena de alabanza, de alegría y esperanza.

El arcángel Gabriel dejó mudo a Zacarías por Alexander Ivanov

CAPÍTULO 5

Para comprender el mundo de Jesús

E l apóstol Pablo escribe en su carta a los Gálatas que «cuando se cumplió el tiempo establecido, Dios envió a su Hijo» (4:4). No fue una coincidencia que Dios el Padre enviara a su Hijo al mundo cuando y donde lo hizo.

Para comprender de mejor manera las historias de la vida de Jesús en los Evangelios, puede ser útil retroceder en la historia y observar lo que ocurría en el mundo que condujo a la venida de Jesús. Transcurren alrededor de cuatrocientos años entre el final del Antiguo Testamento y el comienzo del Nuevo Testamento. Algunas personas han llamado a estos siglos «los años silenciosos» porque no se escucha ninguna palabra de Dios durante ese período. Sin embargo, esos años fueron cualquier cosa menos tranquilos en el escenario mundial. Muchos cambios importantes entre potencias y culturas se llevaron a cabo durante ese tiempo, y todo preparaba el escenario para la entrada del tan esperado Mesías.

EL IMPERIO MEDO-PERSA

Al final del Antiguo Testamento en los años 400 a. C., los babilonios ya habían caído ante los medo-persas. (La caída de Babilonia ocurrió en el año 539 a. C., y esa historia se registra en Daniel 5). El rey Ciro de Persia había

permitido a los judíos regresar a su tierra natal y reconstruir su comunidad. Los libros de Esdras y Nehemías hablan de los esfuerzos de Zorobabel, Josué, Esdras y Nehemías. Bajo estos líderes, el templo de Jerusalén, el cual había sido destruido por los babilonios, fue reconstruido, junto con la muralla que rodeaba la ciudad. La reforma religiosa también estaba en marcha. Una vez más, se hacía énfasis en la ley de Moisés como el eje para la vida judía. Durante la mayor parte de este período, los sumos sacerdotes dirigieron a la nación judía con muy poca intrusión de los reyes persas.

La reconstrucción de la muralla de Jerusalén bajo Nehemías por William Brassey Hole

Otro desarrollo religioso de la época, que tomaría protagonismo en los tiempos del Nuevo Testamento, fue el surgimiento de las sinagogas. Estas eran centros judíos locales de adoración y enseñanza. Los judíos se reunían en las sinagogas para que los líderes religiosos les leyeran las Escrituras, así como para discutir su significado e implicaciones para el contexto en constante cambio en el que se encontraban. Para la época de Jesús, las sinagogas eran una vista muy común. Los Evangelios cuentan cómo Jesús enseñó a menudo en las sinagogas: «Jesús viajó por toda la región de Galilea enseñando en las sinagogas, anunciando la Buena Noticia del reino» (Mateo 4:23).

Biblia hebrea del siglo XI con Tárgum arameo

También fue durante la era medo-persa que el arameo se convirtió en el idioma dominante entre los judíos que regresaban del exilio. El arameo se usaba en Babilonia y es afín al idioma hebreo. De hecho, el arameo se hizo tan frecuente que, con el tiempo, las Escrituras hebreas se tuvieron que traducir al arameo para que la gente pudiera entenderlas cuando se leían. Más adelante, estas traducciones fueron llamadas *Tárgumes*, lo cual significa «traducir» o «explicar». Para la época de Jesús, el arameo seguía siendo el idioma cotidiano que los judíos hablaban, por lo que era el idioma que Jesús hablaba. Sin embargo, los cuatro Evangelios se escribieron en griego, aunque algunos eruditos creen que puede haber habido una edición aramea del Evangelio de Mateo, ahora perdida en la historia. Mateo y Marcos a veces citan a Jesús cuando usa palabras arameas:

PASAJE	TRANSLITERACIÓN ARAMEA	TRADUCCIÓN AL ESPAÑOL
Mateo 5:22	*Raca*	Idiota
Mateo 27:46	*Eli, Eli, ¿lema sabactani?*	Dios mío, Dios mío, ¿por qué me has abandonado?
Marcos 5:41	*Talita cum*	¡Niña, levántate!
Marcos 7:34	*Efatá*	¡Ábranse!
Marcos 14:36	*Abba*	Padre

EL IMPERIO GRIEGO

Después de la conclusión del relato de Nehemías (c. 430 a. C.) en el libro antiguotestamentario de Nehemías, poco se sabe acerca de la vida judía hasta la época de Alejandro Mago (336 a. C.) que comenzó a conquistar el Imperio Persa a la edad de veinte años. La rápida y vasta conquista de Alejandro de gran parte del Cercano Oriente (al someter la mayor parte de este en apenas tres años) cambió para siempre la cultura de toda esa área. Ese cambio cultural se conoce como *helenización*, el cual consistió en la difusión de la cultura, el idioma y la religión griegos.

A medida que la helenización ocurría en todo el imperio, el griego se convirtió en el idioma comercial común. Eso quiere decir que muchas personas hubieran crecido sabiendo dos o más idiomas. Incluso después de que el Imperio romano surgió más adelante, el griego siguió siendo el idioma comercial principal durante la época del Nuevo Testamento. El griego fue el idioma en el que se escribieron los libros del Nuevo Testamento, lo cual facilitó mucho su comprensión en todo el imperio.

LA SEPTUAGINTA

La comunidad judía de Alejandría, Egipto, había influido para que la ciudad se convirtiera en un importante centro comercial. A pesar de que no eran considerados ciudadanos plenos por su devoción a sus creencias judías, los alejandrinos todavía les concedieron muchas libertades y les dieron un trato favorable. Estas relaciones positivas y la necesidad de saber el idioma griego para interactuar en el comercio y los negocios, con el tiempo, dieron como resultado que muy pocos judíos hablaran hebreo y arameo.

En un intento por salvar su idioma, así como la comprensión de sus Escrituras, los judíos alejandrinos comenzaron a enseñarles hebreo a sus hijos y a traducir la Torá (Génesis a Deuteronomio) y varios escritos judíos al griego. Esa fue una decisión controvertida porque algunos judíos creían que un idioma pagano como el griego no debería usarse para traducir la Palabra de Dios. Sin embargo, era una medida necesaria porque muchos judíos esparcidos por todo el mundo mediterráneo ya ni podían hablar ni leer hebreo. Esta traducción de la Biblia hebrea al griego llegó a conocerse como la Septuaginta y se completó alrededor del año 255 a. C.

LOS TOLOMEOS Y LOS SELÉUCIDAS

La muerte prematura de Alejandro Magno a la edad de treinta y dos años desencadenó una lucha de poder entre sus cuatro generales. Esos generales pelearon para obtener el control sobre el vasto imperio que les quedó. Después de más de cuarenta años de luchas políticas y guerras, surgieron cuatro divisiones principales:

- ⤞ Egipto, controlado por los tolomeos

- ⤞ Siria, controlada por los seléucidas

- ⤞ Macedonia, controlada por los antigónidas

- ⤞ Pérgamo, controlado por los atálidos

Durante más de ciento cincuenta años, las dinastías tolemaica y seléucida mantuvieron el control sobre los judíos en Israel.

Tolomeo y sus descendientes (los tolomeos) gobernaron Israel durante más de un siglo (323–198 a. C.) con cierto

Tolomeo I

respeto por las creencias judías. En esta época, las comunidades judías y su forma de vida y religión se veían más amenazadas por la influencia de la cultura griega que por la guerra. Recuerde que los judíos eran vistos, tanto dentro de su cultura como desde fuera, como únicos. Eso se debe a que, en tanto que el resto del mundo conocido era politeísta (creencia en muchos dioses), los judíos eran monoteístas (creencia en un solo Dios). Sus vidas y comportamientos diarios reflejaban esa marcada diferencia. Algunos judíos consideraban la adaptación a la cultura griega como un socavamiento de la singularidad del judaísmo y del Dios que los había llamado a apartarse. En respuesta, muchos judíos enfocaron su vida diaria en torno a las sinagogas para ayudar a preservar su fe y cultura inigualables.

En el año 198 a. C., Antíoco III derrotó a Tolomeo V, lo cual les dio a los seléucidas el control sobre Israel. En contraste con las muchas libertades culturales y religiosas que los tolomeos les permitieron a los judíos, los seléucidas intentaron imponerles la cultura y la religión griegas. Se prohibieron muchas prácticas judías, como la circuncisión, los festivales judíos e incluso la observancia del día de descanso. Los judíos que se preocupaban principalmente de que el helenismo afectara al gobierno judío eran conocidos como *zelotes*. Aquellos que se preocupaban más de que el helenismo afectara a la religión judía eran llamados los *hasidim* («piadosos»).

LA REVUELTA MACABEA

En el año 188 a. C., el gobernante seléucida, Antíoco III, perdió una guerra de cuatro años contra la República romana cuando intentó expandir su territorio. Los romanos exigieron que él y sus descendientes pagaran un tributo enorme como condición para el acuerdo de paz. Los gobernantes seléucidas tuvieron que recaudar fondos para pagarles a los romanos. Uno de esos gobernantes, Antíoco IV Epífanes, aceptó un soborno de Jasón, el hermano de un sumo sacerdote, no solo para que lo nombraran como el nuevo sumo sacerdote de Jerusalén, sino también para tener el derecho a establecer costumbres contrarias a la ley judía. Ese nombramiento indignó a los judíos piadosos. Antíoco IV vio la protesta judía como un acto de rebelión. En represalia, asaltó Jerusalén, ordenó el asesinato de ochenta mil ciudadanos judíos, entró en el templo y tomó las vasijas sagradas. Procedió a profanar el templo sacrificando un cerdo en un altar al dios griego Zeus y convirtiendo el templo en un templo a Zeus. A los judíos se les ordenó ofrecer sacrificios a los dioses griegos, pero muchos se negaron hasta el punto de la muerte.

JANUKÁ

Januká se celebra durante ocho días y utiliza una menorá (candelabro) con nueve ramas para velas. Cada noche, la vela de la rama superior se usa para encender cada vela consecutiva en las otras ocho ramas. Eso se hace para conmemorar lo que se decía que sucedió durante el tiempo de la rededicación del templo.

Según cuenta la historia, al recuperar el control del templo de manos de los seléucidas, los judíos solo pudieron encontrar una vasija sellada por el sumo sacerdote que contenía aceite sin contaminar para la menorá del templo. Solo había suficiente aceite para que la menorá se encendiera por una noche, pero milagrosamente duró ocho días y ocho noches, el tiempo necesario para que se elaborara más aceite para el templo.

En respuesta a la profanación del templo y a los sacrificios forzados a los dioses griegos, un hombre y sus cinco hijos se opusieron contra Antíoco IV y sus decretos. En un pequeño pueblo al noroccidente de Jerusalén, Matatías, de la familia sacerdotal de los asmoneos, se negó a hacer un sacrificio a los dioses griegos. Cuando otro judío tomó su lugar e intentó hacer el sacrificio

él mismo, Matatías intervino y lo mató a él y a los representantes seléucidas. Esto marcó el comienzo de lo que se conoció como la revuelta macabea. El más notable de los hijos de Matatías fue Judas, llamado Macabeo o «el martillo». Esta familia dirigió una revuelta de implacable guerra de guerrillas contra los seléucidas y también contra los judíos que habían transigido en su religión. Se escondían durante el día y atacaban por la noche, y destruían los altares que habían sido erigidos para los dioses griegos.

Su revuelta persistente y exitosa le permitió finalmente a Judas Macabeo dirigir un ataque contra Jerusalén, en el cual recuperó la ciudad y el templo del control seléucida en el año 164 a C. El templo fue purificado y los sacrificios apropiados se reanudaron con una ceremonia de dedicación. Esta dedicación se convirtió en un festival anual que se celebraba durante la época de Jesús (ver Juan 10:22) y que todavía celebran los judíos hoy en día como *Januká*.

Gran parte de esta historia de la revuelta macabea está registrada en los libros de 1 y 2 Macabeos, los cuales se incluyen en las Biblias católicorromana y ortodoxa.

LOS SAMARITANOS

Un grupo que apoyó a los seléucidas durante la revuelta macabea fueron los samaritanos.

Samaria es la región que está entre Judea y Galilea. Una vez fue parte del reino de Israel bajo el rey David. Pero, cuando el reino se dividió en dos en el siglo IX a. C., en Israel en el norte y Judá en el sur, Samaria se convirtió en la capital de Israel. Al cabo de doscientos años, el Imperio asirio tomó cautivo a Israel. (Judá fue llevado en cautiverio más adelante bajo el gobierno babilónico). La división entre las dos tierras y su gente se profundizó durante ese tiempo, ya que los que se quedaron en Samaria se casaron con los nuevos habitantes de Mesopotamia y Siria. Es probable que esto contribuyera a que los samaritanos adoraran a otros dioses además de al Dios de Israel. Esto solo los condenó aún más a los ojos de los judíos de Judá.

Cuando los judíos regresaron del exilio en el siglo VI a. C., rechazaron los ofrecimientos de ayuda por parte de los samaritanos para reconstruir el templo de Jerusalén. Una ruptura total entre las regiones y la gente se produjo cuando los samaritanos construyeron su propio templo en el monte Gerizim. Siglos más tarde, cuando los samaritanos se opusieron a la revuelta macabea, en represalia, los judíos destruyeron el templo samaritano del monte Gerizim.

El resentimiento y la desconfianza entre los samaritanos y los judíos continuaron hasta bien entrada la época de Jesús. Casi al mismo tiempo que el nacimiento de Jesús, un grupo de samaritanos profanó el templo de Jerusalén, esparciendo huesos de personas muertas en el santuario.

Con siglos de hostilidades, acusaciones por parte de los judíos contra los samaritanos de ser «medio judíos» y «raza mixta», y la prohibición de los matrimonios samaritano-judíos, no es de extrañar que la imagen compasiva de Jesús y sus interacciones con los samaritanos escandalizaran a los judíos, y a los samaritanos mismos. Considere la parábola de Jesús del buen samaritano en Lucas 10:25-37. En esta historia, asaltan a un judío y lo dan por muerto. Dos judíos sumamente religiosos pasan por ahí y lo ignoran. Sin embargo, un samaritano lo ve y lo limpia antes de llevarlo a una posada y pagar por su estadía allí. ¡Jesús usó el ejemplo del samaritano como quien en verdad amó a su prójimo, no los judíos piadosos! (Ver también el relato de la mujer samaritana que llega junto al pozo en Juan 4:1-42).

Vista desde el monte Gerizim

LA DINASTÍA ASMONEA

Cuando Judas Macabeo murió en batalla en el año 160 a. C., el liderazgo pasó a sus hermanos en sucesión, y así se estableció una línea de gobernantes asmoneos. Jonatán, Simón y los que llegaron más adelante no solo sirvieron como líderes en la lucha por la independencia judía, sino también como sumos sacerdotes. Ese acuerdo no sentó bien para muchos judíos porque los asmoneos no eran descendientes de la línea sacerdotal de Sadoc. (Ver Ezequiel 44:10-16 para la profecía acerca del sacerdocio de Sadoc). Fue alrededor de esa época que los fariseos y saduceos comenzaron a surgir como grupos religiosos distintos, y se cree que los esenios se separaron del templo (más adelante se hablará sobre estos grupos).

En el año 142 a. C., Simón finalmente pudo liberarse del pago de impuestos a los seléucidas, lo cual dio como resultado la libertad y el autogobierno de los judíos. Sin embargo, el descontento entre los judíos por el liderazgo de los asmoneos solo aumentó con el tiempo. Los fariseos, en particular, comenzaron a oponerse a la dinastía asmonea, en especial cuando los sacerdotes asmoneos comenzaron a adoptar características helenísticas. Algunos asmoneos incluso gobernaron con tiranía severa, como Alejandro Janneo, quien ejecutó a hombres, mujeres y niños por oponerse a su gobierno.

LOS ESENIOS

Al igual que los fariseos, los esenios se dedicaban a la pureza y al estricto cumplimento de la ley, pero su formalidad superaba a los fariseos. Vivían en comunidades privadas donde compartían propiedades, observaban con rigor el día de descanso y seguían rígidas regulaciones de pureza, que incluían estrictas leyes dietéticas y baños rituales. Sin embargo, no participaban en la adoración en el templo de Jerusalén. Algunas comunidades esenias estaban compuestas por hombres célibes, mientras que otras incluían tanto a hombres como a mujeres que podían casarse y tener familias. Según el antiguo historiador judío Josefo, la inducción a la secta esenia requería varios pasos repartidos a lo largo de varios años.

Una rama particular de los esenios incluso se retiró a vivir al desierto de Judea, cerca del mar Muerto, porque consideraban que las ciudades y los pueblos estaban contaminados con inmoralidad e impureza. Fue allí donde, en la década de 1940, los arqueólogos, acompañados por la gente local, descubrieron los famosos Rollos del mar Muerto. Muchos eruditos creen que los esenios crearon esos tesoros.

Algunos especulan que Juan el Bautista pudo haber sido un esenio, o haber recibido mucha influencia de ellos, debido a su forma de vida en el desierto y su ministerio de bautismo. Si fuera así, es la única pista que tenemos en el Nuevo Testamento de la existencia de este grupo. Nada se sabe acerca de que los esenios continuaran después de la destrucción del templo en el año 70 d. C.

LOS ROLLOS DEL MAR MUERTO

El descubrimiento de los Rollos del mar Muerto es el mayor descubrimiento literario y arqueológico de nuestro tiempo. Los rollos demuestran la exactitud de la Biblia que tenemos hoy, arrojan luz sobre la cultura del Cercano Oriente en la cual vivió Jesús y proporcionan un entendimiento fresco y nuevo del contexto del cristianismo primitivo.

Los Rollos del mar Muerto son una colección de 931 documentos que se descubrieron hace más de medio siglo en una región del desierto de Judea, en lo que hoy se llama Cisjordania. Estaban escondidos en cuevas a lo largo de la orilla del mar Muerto. Aunque los rollos no son los documentos originales que componen la Biblia hebrea (el Antiguo Testamento), son las copias más antiguas que tenemos hoy de esos documentos. Los rollos datan de diferentes períodos, desde el año 300 a. C. hasta el 40 d. C. Están escritos en tres idiomas: hebreo, arameo y griego. Se cree que provienen de la «biblioteca» de un grupo de judíos del primer siglo (probablemente esenios) que se separaron del resto de la sociedad viviendo en el desierto, en un lugar conocido como Qumrán.

Los Rollos del mar Muerto tienen un énfasis mesiánico y profético. Eso les proporciona a los estudiosos un contexto para comprender la naturaleza y el papel que se anticipaba del tan esperado Mesías de Israel en el judaísmo de ese entonces.

(De *The Dead Sea Scrolls* [Los Rollos del Mar Muerto] por Randall Price; Rose Publishing, 2005)

EL IMPERIO ROMANO Y EL REY HERODES

Los disturbios civiles durante la dinastía asmonea debilitaron tanto a los judíos que Pompeyo, un general romano, pudo tomar el control sobre Jerusalén con bastante facilidad en el año 63 a. C. Los judíos permanecerían bajo control romano durante el tiempo de Jesús y después.

Julio César nombró gobernador sobre Judea a un idumeo que se llamaba Antípater, y le encomendó la tarea de unir el área bajo control romano. Para lograrlo, los dos hijos de Antípater, Herodes y Fasael, fueron nombrados gobernadores de la región. Herodes debía gobernar Galilea y Fasael, Judea, mientras trataban de promover la lealtad a Roma. Sin embargo, en el año 40 a. C., los partos invadieron la región, mataron a Fasael y tomaron el control sobre Jerusalén. Herodes pudo escapar y regresar a Roma. En Roma, Octavio y Marco Antonio proclamaron a Herodes como rey de Judea y le proporcionaron un ejército para recuperar el control sobre Jerusalén. En el año 37 a. C., Herodes proclamó la victoria, y aseguró su gobierno en Jerusalén y el título de Herodes el Grande.

Durante su reinado, Herodes fue responsable de grandes hazañas arquitectónicas, como un puerto en Cesarea, varias fortalezas y, sobre todo, la ampliación y renovación del complejo del templo de Jerusalén. Para la época de Jesús, se consideraba a ese templo una de las siete maravillas del mundo antiguo.

A pesar de sus muchos logros, Herodes también era conocido por ser muy paranoico, siempre tenía miedo de perder su poder. No solo hizo ejecutar a algunos de sus propios hijos, sino también a su esposa porque pensó que conspiraban contra él para arrebatarle su trono. Durante la infancia de Jesús, Herodes tristemente ordenó la muerte de niños varones de dos años o menos, en o cerca de Belén, en un intento de matar al recién nacido «rey de los judíos» (Mateo 2:1-18).

Después de la muerte de Herodes en el año 4 a. C., el emperador Augusto dividió el gobierno de la región entre los hijos sobrevivientes de Herodes. Herodes Antipas fue establecido como tetrarca de Galilea y Perea desde el año 4 a. C. hasta el 39 d. C. Gran parte del

Pompeya

ministerio de Jesús se llevó a cabo en Galilea, cuando Antipas gobernaba la región. Antipas fue también el Herodes que ordenó decapitar a Juan el Bautista (Mateo 14:1-12) y que interrogó a Jesús en el juicio en su contra (Lucas 23:7-12).

EL TEMPLO

El templo de Jerusalén era el corazón del judaísmo porque representaba la morada de Dios entre su pueblo. Los judíos viajaban a Jerusalén desde todas partes para adorar y hacer sacrificios, en especial para los festivales de Pascua, de Pentecostés (Festival de las Semanas) y de las Enramadas. El pueblo judío viajaba unido, en grandes grupos familiares, para celebrar antes de regresar a casa de la misma manera.

El templo también tenía una importancia política. Herodes el Grande era medio judío, pero los judíos lo veían como extranjero. Herodes comenzó la ampliación del complejo del templo como una forma de ganarse el favor de los judíos. El templo estaba conectado tanto con el sumo sacerdote como con el Sanedrín, el consejo judicial judío gobernante. Las jerarquías sociales se reflejaban en las restricciones del templo. En tanto que los gentiles (no judíos) podían visitar el templo, solo se les permitía entrar en el atrio exterior y se les prohibía entrar en cualquier otra parte del complejo del templo, bajo pena de muerte. A las mujeres se les permitía entrar en el atrio de las mujeres, pero no en el atrio de los israelitas, el cual estaba más cerca del centro del templo y reservado para los hombres judíos.

Muchos acontecimientos que se registran en los Evangelios ocurrieron en el templo. Estos son solo algunos ejemplos:

- En el templo, Ana y Simeón reconocieron al niño Jesús como el Mesías (Lucas 2:22-38).

- Jesús asombró a los maestros en el templo a la edad de doce años (Lucas 2:41-49). Eso ocurrió durante la visita de la familia a Jerusalén para la Pascua.

- Jesús enseñaba con frecuencia a sus seguidores en el atrio del templo (Marcos 12:35; Lucas 19:47; 22:52-53; 23:5; Juan 8:20).

- Jesús expulsó a los mercaderes del atrio del templo por convertir el lugar de ser una «casa de oración» a ser una «cueva de ladrones» (Marcos 11:15-17).

- La historia de la pequeña pero significativa ofrenda de la viuda ocurrió en el templo (Lucas 21:1-4).

LOS HERODIANOS Y LOS ZELOTES

Dos grupos en extremos opuestos del espectro político eran los herodianos y los zelotes. Los herodianos eran una alianza política judía de los que apoyaban a la dinastía herodiana. Muchos de los herodianos le debían su estatus de élite y su riqueza a Herodes el Grande. En el Nuevo Testamento se menciona que este grupo apoyaba a los fariseos en sus intentos de atrapar a Jesús (Mateo 22:16; Marcos 3:6; 12:13). Sin embargo, los zelotes fueron definidos por su *celo* por Israel y la religión judía. Querían ver que Israel tuviera su propio reino una vez más, al igual que bajo el rey David. Este grupo es mejor conocido por su violenta revuelta contra Roma que llevó a la destrucción del templo en el año 70 d. C. Uno de los discípulos de Jesús se llama Simón el Zelote (Lucas 6:15), pero los eruditos no están seguros de si era un zelote político o solo religioso, es decir, celoso de la ley de Dios, como los fariseos. Los zelotes inquietaban mucho a los gobernantes romanos, algo que los judíos que se oponían a Jesús usaron contra él al llevarlo ante Pilato, el gobernador romano de la zona, y acusar a Jesús de llamarse a sí mismo «rey de los judíos». Los cuatro Evangelios registran ese encuentro (Mateo 27:11; Marcos 15:2; Lucas 23:1-3; Juan 18:33-37).

LOS FARISEOS

Los fariseos probablemente fueron el grupo religioso judío más grande y mejor conocido. Los fariseos comenzaron a formarse algún tiempo después del exilio y es probable que se establecieran por completo bajo la dinastía asmonea.

La palabra *fariseo* proviene de la palabra hebrea *paras*, e insinúa el sentido de «uno que está separado». Recuerde que a los judíos los habían sacado de su tierra natal y también les habían impuesto gobernantes foráneos que los controlaban cultural y religiosamente. Su deseo y necesidad de proteger su propia identidad, particularmente como el pueblo escogido del único Dios verdadero, llegó a ser muy importante. Los profetas en el Antiguo Testamento afirmaron que la aceptación por parte de los judíos de creencias corruptas y prácticas pecaminosas fue la razón por la cual Dios los había enviado al exilio. Para evitar otra horrible experiencia de exilio, el objetivo principal de los fariseos era asegurarse de que los judíos obedecieran no solo la Torá (la ley de Moisés), sino también las interpretaciones tradicionales de la Torá que se habían transmitido oralmente a través de los años. Esas tradiciones orales, con el tiempo, se compilarían en lo que se llamaría la *Misná*. Hacer o decir algo contrario a esa ley oral se consideraba lo mismo que quebrantar la ley de Dios y también se consideraba un acto contra los líderes religiosos. Los fariseos creían que las reglas de pureza, las cuales originalmente eran solo para los sacerdotes, debían llegar al hogar para que cada judío viviera una vida santa y pura.

A diferencia de los que estaban en el sacerdocio, los fariseos no nacían como tales. La mayoría eran laicos dedicados a vivir una vida de pureza, tal como lo describen las leyes y tradiciones sagradas del judaísmo. Para asegurar tal

Los fariseos interrogan a Jesús por James Tissot

fidelidad, se sometían a años de enseñanza. Con el tiempo, algunos incluso alcanzarían el estatus de expertos que tenían los escribas, y llegaban a ser maestros de la ley (rabinos).

Al parecer, los fariseos fueron quienes tuvieron más conflictos con Jesús en los Evangelios. Teniendo en cuenta la asociación de Jesús con los «pecadores» conocidos y los «impuros», y que enseñaba como si fuera un experto en cuanto a Dios, esos enfrentamientos con los fariseos no son para sorprender. Sin embargo, algunos fariseos fueron receptivos a las palabras de Jesús (Lucas 14:1). La historia del fariseo Nicodemo es uno de esos ejemplos, a pesar de que Nicodemo quedó desconcertado por las palabras de Jesús acerca de «nacer de nuevo» (Juan 3:1-21). Algunos fariseos incluso llegaron a ser parte de la iglesia cristiana (Hechos 15:5).

En tanto que los fariseos se negaron a adaptarse a los griegos o romanos, también trabajaron para evitar el conflicto directo con los poderes gobernantes. Fueron la única secta judía que sobrevivió después de la destrucción del templo en el año 70 d. C.

LOS SADUCEOS

En tanto que los fariseos pueden haber sido el grupo más grande y popular, los saduceos tenían un poder mayor. Los saduceos ocupaban posiciones sacerdotales que se centraban en el templo y dominaban el Sanedrín, el consejo judicial judío. El enfoque principal de los saduceos era hacer que el judaísmo se mantuviera centrado en el sistema de sacrificios en el templo.

Los saduceos, al igual que los fariseos, se establecieron como grupo durante el período asmoneo. Consistían en sacerdotes y hombres aristócratas. Es probable que el nombre *saduceo* se origine del nombre *Sadoc*, el levita de cuyos descendientes profetizó Ezequiel que solo ellos serían sumos sacerdotes (Ezequiel 44:10-16). Ya fueran descendientes directos o fueran simplemente aliados de los descendientes de Sadoc (una fuente de debate entre los eruditos), no eran particularmente populares entre las personas judías comunes debido a su extrema riqueza, influencia y participación política.

Los saduceos *solo* reconocían la Torá, los primeros cinco libros del Antiguo Testamento, como Escrituras. No creían en ningún tipo de resurrección o inmortalidad del alma, un punto que Jesús impugnó usando una sección de la Torá (Éxodo 3:6; Mateo 22:23-33). Según Hechos 23:8, los saduceos no creían en ángeles ni demonios.

En tanto que la devoción de los saduceos a la tradición oral y las Escrituras (aparte de la Torá) era débil, sus castigos por infracciones eran severos, ¡incluso la muerte! De hecho, fue en reacción a Jesús que unieron fuerzas con los fariseos, su oposición habitual, para confrontar a Jesús y, finalmente, lograr su crucifixión (Mateo 16:1).

Estaban dispuestos a permitir que los gobernantes y las culturas externas mantuvieran el poder siempre y cuando los sacrificios del templo continuaran. Con la destrucción del templo en el año 70 d. C., los saduceos desaparecieron de la historia judía.

FARISEOS	SADUCEOS
Del hebreo *paras*, el cual insinúa el sentido de «uno que está separado».	El hebreo *seduqim*, «justos/correctos»; se origina del nombre *Sadoc*.
Se establecieron como grupo durante la dinastía asmonea.	Se establecieron como grupo durante la dinastía asmonea.
Laicos; podían llegar a ser rabinos y escribas.	Sacerdotes y aristócratas.
Populares entre las personas comunes.	Favorecidos por la élite.
Se centraban en las sinagogas.	Se centraban en el templo y el Sanedrín.
Objetivo principal: Obedecer la Torá y las interpretaciones tradicionales de la Torá.	Objetivo principal: Mantener centrado el judaísmo en el sistema de sacrificios en el templo.
Aceptaban todas las Escrituras hebreas, incluyendo la Torá, así como la ley oral.	Aceptaban solo la Torá.
Creían en la resurrección, en los ángeles y en los demonios.	No creían en la resurrección ni en los ángeles ni en los demonios.
Sobrevivieron después de la destrucción del templo en el año 70 d. C. y se desarrollaron como autoridades rabínicas.	Desaparecieron de la historia después de la destrucción del templo en el año 70 d. C.

EL SANEDRÍN

Proveniente de la palabra griega *synedrion*, un *sanedrín* originalmente se refería a un cuerpo cívico de gobierno local, como un tribunal o consejo. Para la época de Jesús, se refería al más alto consejo judicial judío, con sede en Jerusalén.

En algunos aspectos, el Sanedrín de Jerusalén reflejaba la estructura judicial griega: estaba compuesto principalmente por aristócratas. Sin embargo, también contenía conceptos exclusivamente judíos que se derivaban de las creencias monoteístas judías (un solo Dios) que sus miembros albergaban en el corazón. El sumo sacerdote presidía el Sanedrín. Sus miembros incluían a nobles aristócratas de edad avanzada, sumos sacerdotes y saduceos (que a menudo también eran aristócratas), así como fariseos y escribas.

Es probable que este órgano supremo legislativo, judicial y ejecutivo haya surgido durante el gobierno asmoneo. Herodes el Grande lo socavó y debilitó, pero comenzó a levantarse de nuevo en el poder bajo los procónsules sucesivos nombrados por Roma. Las decisiones del Sanedrín llegaban hasta dar sentencia de pena capital, aunque no podían hacer que se cumpliera sin la cooperación romana. Vemos esto en los cuatro relatos evangélicos del juicio contra Jesús. Después de que el Sanedrín condenó a Jesús, lo entregaron a Pilato para que él tomara la decisión final en cuanto al castigo para Jesús (Mateo 26:57-68; Marcos 14:53-65; Lucas 22:66–23:2; Juan 11:47; 18:28-31).

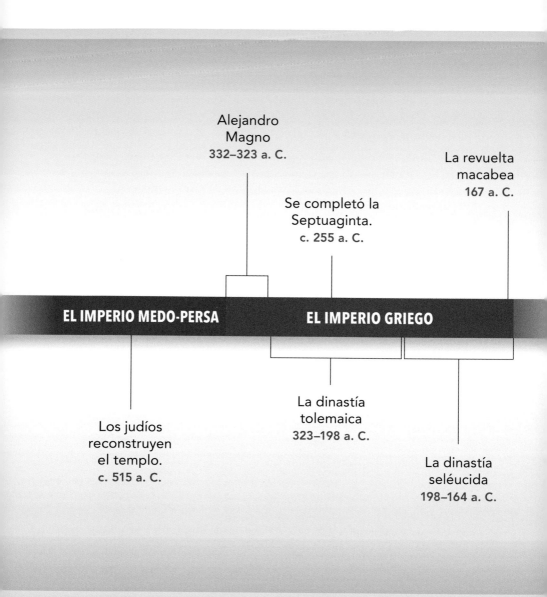

Alejandro
Magno
332–323 a. C.

La revuelta
macabea
167 a. C.

Se completó la
Septuaginta.
c. 255 a. C.

EL IMPERIO MEDO-PERSA

EL IMPERIO GRIEGO

La dinastía
tolemaica
323–198 a. C.

Los judíos
reconstruyen
el templo.
c. 515 a. C.

La dinastía
seléucida
198–164 a. C.

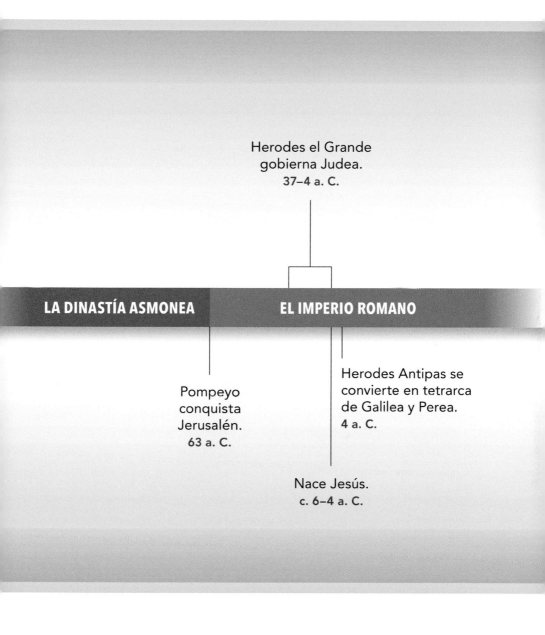

Herodes el Grande
gobierna Judea.
37–4 a. C.

LA DINASTÍA ASMONEA

EL IMPERIO ROMANO

Herodes Antipas se
convierte en tetrarca
de Galilea y Perea.
4 a. C.

Pompeyo
conquista
Jerusalén.
63 a. C.

Nace Jesús.
c. 6–4 a. C.

LA ESPERANZA DEL MESÍAS

La vida del pueblo judío bajo el dominio romano puede caracterizarse por sus extremos. Por un lado, se les dio libertad para trabajar, vivir y adorar, pero, por otro lado, también se les recordaba constantemente que no eran libres en verdad. Los soldados romanos ocupaban su tierra continuamente. La carga de los altos impuestos que se pagaban a Roma sumía a muchas personas en la pobreza o en la esclavitud. Incluso sus expresiones religiosas estaban restringidas de tal manera que se asegurara de que Roma nunca se viera desafiada. Los profetas que proclamaban el juicio de Dios eran muy familiares para los judíos, pero la mayoría de los gobernantes foráneos no los toleraban. Eso se puede ver con claridad en el arresto y ejecución de Juan el Bautista (Mateo 14:1-12).

Los judíos anhelaban el día en que pudieran ser libres en verdad, algo que los profetas habían prometido con la venida del Mesías. (El término *mesías* significa «ungido» en hebreo; lo llamaban así porque se consagraba al rey ungiéndolo con aceite que se derramaba sobre su cabeza).

La mayoría de los judíos de la época de Jesús mantenían la creencia en un Mesías venidero. Sin embargo, no estaban de acuerdo en cuanto a lo que pensaban que ese Mesías haría. En general, la mayoría de los judíos creían que el Mesías sería un ser humano a quien Dios ayudaría de alguna manera para hacer cosas asombrosas y milagrosas: un rey de Israel y descendiente del rey David. Sin embargo, algunos, tal vez influenciados por el pensamiento más secular de ese momento, sostenían que el Mesías era más un concepto que le permitiría a la nación de Israel unificarse y derrocar a los gobernantes que los oprimían.

Cualquiera que fuera su entendimiento, había un anhelo general de un rey conquistador que vendría y aplastaría a sus opresores y los liberaría, y, una vez más, establecería a Israel como una nación próspera. Así que, cuando el humilde hombre joven de Nazaret que hacía milagros irrumpió en escena, y desafió a las autoridades religiosas establecidas y amó incluso a las figuras de autoridad romanas (recuerde la curación del siervo del oficial romano de Mateo 8), hasta sus propios discípulos estaban confundidos. No habían imaginado a un Mesías como él; alguien que cumpliera una promesa que Dios le dio no solo a David, sino que se remonta también hasta a Abraham: un Rey que rescata no solo a los judíos, sino a todo el mundo, de nuestros mayores enemigos, el pecado y la muerte.

CAPÍTULO 6

Evidencia de la resurrección

La Biblia enseña que Jesús es el Hijo de Dios, y que murió por el perdón de los pecados, resucitó de entre los muertos y vive hoy. El apóstol Pablo resume esta enseñanza en su carta a los Corintios: «Cristo murió por nuestros pecados tal como lo dicen las Escrituras. Fue enterrado y al tercer día fue levantado de los muertos» (1 Corintios 15:3-4).

A lo largo de los siglos, los escépticos han desarrollado varias objeciones a la resurrección de Jesús y han propuesto teorías alternativas acerca de lo que le sucedió en realidad al cuerpo de Jesucristo. Aquí hay evidencia para responder a esas dudas.

OBJECIÓN #1

Jesús fue una figura mitológica

Jesús de Nazaret podría no haber existido nunca. Y si existió, no hay pruebas de que haya sido crucificado.

RESPUESTA

La evidencia de Jesús proviene de muchos documentos del primer siglo

Treinta y nueve fuentes antiguas (además del Nuevo Testamento), como Plinio, Josefo y el Talmud, se refieren a la vida de Cristo y a sus enseñanzas, crucifixión o resurrección.

Ignacio fue un líder de la iglesia, un alumno del apóstol Juan, y vivió apenas setenta años después de Jesús. Antes de que Ignacio muriera como mártir por su fe, escribió esto acerca de Jesús: «Fue condenado: fue crucificado en realidad y no en apariencia, no en la imaginación, no en el engaño. En realidad murió, y fue enterrado y resucitó de entre los muertos»[1].

Un antiguo credo o declaración de fe que se encuentra en la Biblia se escribió probablemente de ocho a veinte años después de la muerte de Jesús. El credo declara que Jesús «fue enterrado y al tercer día fue levantado de los muertos» (1 Corintios 15:38). La mayoría de los historiadores críticos están de acuerdo en que los documentos tardan más de veinte años en corromperse por el desarrollo mitológico.

Varios testigos reportan apariciones de Cristo después de la resurrección. Esos informes están registrados en los Evangelios, en las cartas del apóstol Pablo y en otras cartas del Nuevo Testamento. Todos esos relatos se fecharon de veinticinco a sesenta años después de la muerte de Jesús. Si Jesús no existiera, o si la información que contienen esos documentos fuera falsa o corrupta, aquellos que conocieron a Jesús, ya fueran amigos o enemigos, se hubieran opuesto a la desinformación.

Pedro escribió de él y de los demás discípulos: «No estábamos inventando cuentos ingeniosos cuando les hablamos de la poderosa venida de nuestro Señor Jesucristo. Nosotros vimos su majestuoso esplendor con nuestros propios ojos» (2 Pedro 1:16).

OBJECIÓN #2

Jesús fue solo un hombre

Aunque Jesús sí existió, no fue todo lo que sus seguidores afirmaron que era. En todo caso, fue una persona compasiva y un líder carismático. Fue un gran profeta y maestro, pero no era Dios.

RESPUESTA

La evidencia apoya que Jesús fue todo lo que afirmó ser

Jesús afirmó ser el Mesías que vino del cielo (Juan 4:16-26; 8:21-30). Jesús también afirmó ser eterno e igual a Dios (Juan 8:52-59; 10:24-39). Dijo que él era el Salvador del mundo que moriría por el perdón de los pecados y resucitaría de entre los muertos al tercer día (Mateo 26:26-32).

Jesús realizó muchos milagros y señales que respaldaron sus afirmaciones.

> ⤞ Milagros de sanidad (Mateo 8:2-4; Marcos 7:31-37).

> ⤞ Milagros sobre la naturaleza (Juan 2:1-11; Mateo 8:23-27).

> ⤞ Milagros de restauración de la vida (Mateo 9:18-26; Juan 11:1-44).

Los milagros de Jesús se llevaron a cabo en público y sus enemigos no los podían cuestionar. En el día de Pentecostés, Pedro dijo que Jesús demostró su poder y autoridad realizando milagros, maravillas y señales (Hechos 2:22).

Jesús es lo que afirmaba ser, o era un loco o algo peor. C. S. Lewis escribe en *Mere Christianity* (*Mero Cristianismo*): «Aquí trato de evitar que alguien diga algo realmente insensato que con frecuencia las personas dicen de él: "Estoy dispuesto a aceptar a Jesús como un gran maestro moral, pero no acepto su afirmación de que es Dios"». Eso es precisamente lo que no debemos decir. Un hombre que dijo las cosas que Jesús dijo no sería un gran maestro moral. Sería un lunático —en el mismo nivel del hombre que dice ser un huevo hervido— o si no sería el mismísimo demonio. Ustedes deben decidirse. O ese hombre era, y es, el Hijo de Dios, o era un loco o algo peor»[2].

Jesús cumplió muchas profecías antiguas. Más de cien profecías que se encuentran en el Antiguo Testamento se cumplieron en Jesucristo. El estadístico Peter Stoner[3] informa que la probabilidad de que solo ocho de esas profecías sobre una persona se cumplan por casualidad es de uno en cien mil billones. Considere las posibilidades de que una persona del linaje del rey David naciera en Belén, entrara a Jerusalén sobre un burro, la traicionaran por treinta piezas de plata, la crucificaran, la enterraran en la tumba de un hombre rico y resucitara de entre los muertos. De todas las profecías que se cumplieron en Jesús, más de cincuenta se cumplieron con su muerte y resurrección.

Jesús mismo predijo que sufriría, moriría y resucitaría. Meses antes de su crucifixión, Jesús les dijo a sus discípulos que debía sufrir muchas cosas y ser rechazado por los ancianos, los principales sacerdotes y los maestros, y que debía ser muerto y después de tres días resucitar (Marcos 8:31).

OBJECIÓN #3

Los seguidores de Jesús se lo inventaron todo

Después de que Jesús murió, sus seguidores se inventaron un plan para engañar al mundo entero y hacerle creer que Jesús era el Mesías prometido, el cumplimiento de las Escrituras y el Hijo de Dios que resucitó de entre los muertos.

RESPUESTA

La evidencia sugiere que tal engaño es muy poco probable

La gente no está dispuesta a morir voluntariamente por una mentira. Los discípulos no estaban dedicados a engañar al mundo de manera intrépida. Después de la crucifixión, huyeron para salvar sus vidas. Sin embargo, una vez que vieron y tocaron al Señor resucitado y hablaron con él, sus vidas fueron transformadas. Llenos del Espíritu Santo, los discípulos dejaron sus trabajos anteriores y se dedicaron a hablar a los demás acerca de Jesús. Como resultado, soportaron hambre, persecución, abandono, encarcelamiento, sufrimiento, tortura y muerte. El experiodista Lee Strobel escribe: «Las personas morirán por sus creencias religiosas si creen sinceramente que son verdaderas, pero no morirán por sus creencias religiosas si saben que sus creencias son falsas»[4].

Además, todos los seguidores de Jesús dudaron de la resurrección hasta que Jesús se les apareció físicamente; entonces, creyeron. Las mujeres, al encontrar la tumba vacía, pensaron que alguien se había robado el cuerpo. En cuanto Jesús apareció, las mujeres lo adoraron y compartieron la noticia con los discípulos (Mateo 28:1-10). Los discípulos no creyeron el informe de las mujeres en cuanto a la tumba vacía hasta que Jesús apareció ante ellos. Tomás no confió en el testimonio de los demás discípulos. Pidió ver y tocar a Jesús para creer. Cuando vio a Jesús, creyó. Santiago, el hermano de Jesús, se sintió avergonzado cuando Jesús predicó en Nazaret (Mateo 13:55-56). Quizás dudó de la resurrección. Sin embargo, después de encontrarse con el Señor resucitado (1 Corintios 15:7), Santiago se convirtió en el líder de la iglesia de Jerusalén y, según Josefo, lo lapidaron a causa de su fe[5].

Pablo (que también se llamaba Saulo) era un fariseo que se oponía fuertemente a los cristianos. Se opuso tanto a ese nuevo movimiento que persiguió a los creyentes y ayudó en la ejecución de cristianos. Cuando el Cristo resucitado se le apareció a Pablo en el camino a Damasco, Pablo experimentó una transformación completa (Hechos 9). Llegó a ser uno de los más grandes seguidores de Jesús. A lo largo de su vida, lo persiguieron continuamente y lo encarcelaron por predicar la buena noticia de Jesús. Trece de las cartas de Pablo a iglesias y a pastores, con el tiempo, llegaron a ser libros del Nuevo Testamento.

OBJECIÓN #4

Los testigos eran poco fiables

No había testigos imparciales que pudieran verificar la resurrección física de Jesucristo.

RESPUESTA

Muchos testigos y la falta de evidencias de la oposición apoyan la veracidad de la resurrección

Cada uno de los cuatro Evangelios coincide en que los primeros testigos oculares de la prueba de la resurrección de Jesús fueron mujeres. A primera vista, eso no parece ser una prueba importante de la resurrección. Algunos pueden argumentar que esas mujeres, quienes estaban muy cerca de Jesús, no son testigos imparciales. La importancia de esas testigos oculares radica en la comprensión del papel de las mujeres en la Judea del primer siglo. Durante la época de Jesús, el testimonio de una mujer se consideraba sin valor. De hecho, a una mujer no se le permitía actuar como testigo en el tribunal. Si los primeros creyentes hubieran querido inventarse la resurrección de Jesús, no hubieran usado a las mujeres como sus principales testigos. Hubieran encontrado testigos que fueran hombres y que tuvieran influencia política y religiosa en su comunidad. En cambio, los escritores informaron acerca de los testigos reales, quienes eran mujeres y también amigas cercanas de Jesús. Los que registraron esos acontecimientos quisieron ser certeros.

Nadie presentó nunca el cuerpo de Jesús. John Warwick Montgomery dice: «En el año 56 d. C. Pablo escribió que más de quinientas personas habían visto al Jesús resucitado y que la mayoría de ellas todavía estaban vivas (1 Corintios 15:6). El hecho de que los primeros cristianos pudieran haberse inventado semejante historia, y luego predicarla entre aquellos que fácilmente pudieran haberla refutado simplemente al presentar el cuerpo de Jesús, supera los límites de la credibilidad»[6]. El arma más grande contra esos primeros testigos oculares hubiera sido presentar el cuerpo de Jesús. Esa arma nunca se usó porque no existió. El silencio de quienes se oponían al cristianismo mientras los seguidores de Jesús predicaban sobre la tumba vacía solo confirmó el hecho de que la tumba en realidad estaba vacía, y el que estuviera desocupada no podía explicarse de otra manera.

OBJECIÓN #5

La resurrección física de Jesús no fue muy importante para la iglesia primitiva

El cristianismo comenzó como un movimiento moral y filosófico. La resurrección de Jesús fue una teoría mitológica posterior más que una realidad histórica temprana.

RESPUESTA

La evidencia sociológica sugiere que la resurrección fue un acontecimiento histórico

El drástico cambio social en los judíos fieles es evidencia de la resurrección. Durante miles de años, los judíos soportaron persecución y opresión, y fueron esparcidos sobre la faz de la tierra. A diferencia de todas las culturas que lo rodeaban, el pueblo judío nunca perdió su identidad cultural y religiosa. Apenas unos pocos años después de la crucifixión, más de diez mil judíos abrazaron las enseñanzas de Jesucristo y las de sus seguidores. Estos primeros cristianos judíos siguieron adorando durante el día de descanso, pero comenzaron a adorar los domingos también para celebrar la resurrección de Cristo. A medida que la iglesia maduró, siguieron adorando los domingos y se refirieron a esos días como «pequeñas pascuas». Una explicación razonable de la transformación de tantos judíos es que ellos, o personas que conocían, habían visto a Jesucristo después de que resucitó de entre los muertos.

Las prácticas de la iglesia primitiva celebraban la resurrección. Al sumergirse en el agua en el bautismo, el creyente recuerda la muerte de Jesús y, cuando sale del agua, el creyente se identifica con Jesús al resucitar a una nueva vida (Romanos 6:4; Colosenses 2:12). En la Cena del Señor, los creyentes comen pan y beben vino como un recordatorio del sufrimiento y de la muerte de Cristo, como Jesús lo pidió antes de morir. Las Escrituras sugieren que la Cena del Señor es un tiempo de alegría (Lucas 24:30-35; Hebreos 12:2). Hay alegría porque los creyentes reconocen que con la crucifixión hay muerte, pero con la resurrección hay vida eterna. Estas dos prácticas no se hubieran llevado a cabo si la resurrección no hubiera sido un componente central de la fe cristiana.

OBJECIÓN #6

El Nuevo Testamento no es confiable

El Nuevo Testamento no es histórico y la información que se encuentra en él no es confiable. La Biblia se ha traducido demasiadas veces como para confiar en su autenticidad.

RESPUESTA

La arqueología y la historia apoyan la confiabilidad de la Biblia

Lucas, el médico que escribió el evangelio de Lucas, demostró ser un historiador preciso. El teólogo Norman L. Geisler examinó las referencias que Lucas hizo a treinta y dos países, cincuenta y cuatro ciudades y nueve islas, sin encontrar ni un solo error[7]. El renombrado arqueólogo e historiador Sir William Ramsay escribe: «La exactitud histórica de Lucas, respaldada por la evidencia arqueológica, brinda credibilidad a su descripción de Jesucristo y a la exactitud de sus escritos. Lucas es un historiador de primer orden; no solo son dignas de confianza sus aseveraciones, sino que a este autor hay que colocarlo junto con los historiadores más grandes. El libro de Lucas es insuperable en cuanto a su confiabilidad»[8]. Si Lucas fue tan cuidadoso en cuanto a los detalles menores, lo más probable es que fuera igual de cuidadoso en cuanto a los importantes.

De los miles de copias hechas a mano antes del año 1500 d. C., más de cinco mil trecientos manuscritos griegos todavía existen hoy en día de tan solo el Nuevo Testamento. El texto de la Biblia está mejor conservado que los escritos de Platón y Aristóteles. Además, el descubrimiento de los Rollos del mar Muerto confirmó la confiabilidad del Antiguo Testamento.

OBJECIÓN #7

La resurrección no es importante

No importa si Jesucristo resucitó de entre los muertos.

RESPUESTA

Si la resurrección es verdadera, hay consecuencias eternas

La resurrección física de Jesucristo es importante solo si es verdadera. Si Jesús no se levantó de la tumba, entonces el incrédulo está ni peor ni mejor que antes. Sin embargo, si Jesús resucitó de entre los muertos, entonces es razonable creer que todo lo que Jesús afirmó es verdad. Si lo que Jesús afirmó es cierto, entonces él murió por los pecados del mundo y uno recibe vida eterna al creer en Jesús.

El apóstol Pablo les dijo a los escépticos de Atenas que Dios quiere que todas las personas, de todas partes, se arrepientan, porque ha fijado un día en el que juzgará al mundo mediante Jesús. Dios ha dado prueba de eso al resucitar a Jesús de entre los muertos (Hechos 17:16-33). Pablo afirma que Cristo ciertamente ha resucitado de entre los muertos: «Y si Cristo no ha resucitado, entonces la fe de ustedes es inútil, y todavía son culpables de sus pecados. En ese caso, ¡todos los que murieron creyendo en Cristo están perdidos! Y si nuestra esperanza en Cristo es solo para esta vida, somos los más dignos de lástima de todo el mundo. Lo cierto es que Cristo sí resucitó de los muertos. Él es el primer fruto de una gran cosecha, el primero de todos los que murieron» (1 Corintios 15:17-20).

Los escépticos también han propuesto diferentes teorías para explicar la tumba vacía y las apariciones del Cristo resucitado. Aquí hay cuatro teorías principales y las respuestas a ellas.

TEORÍA #1

Los testigos oculares alucinaron

Todas las apariciones de un Jesús vivo después de su muerte fueron puras alucinaciones.

RESPUESTA

Esta teoría no es verídica porque...

- Más de quinientas personas no podrían haber tenido la misma alucinación. El psicólogo Gary Collins escribe: «Las alucinaciones son casos individuales. Por su propia naturaleza, solo una persona puede ver una alucinación dada a la vez»[9].

- Quienes vieron a Jesús después de su muerte, no esperaban verlo y se sorprendieron de que estuviera allí. Los psiquiatras están de acuerdo en que las alucinaciones requieren una expectativa[10]. Un estudio psiquiátrico realizado en 1975 sugiere que el contenido de la alucinación «refleja los esfuerzos [de quien experimenta la alucinación] de dominar la ansiedad para satisfacer varios deseos y necesidades»[11].

TEORÍA #2

En verdad, Jesús no murió en la cruz

Los soldados romanos clavaron a Jesús en la cruz, pero él no murió allí. Más bien, Jesús se desmayó, lo retiraron de la cruz y lo colocaron en la tumba. Más tarde, Jesús se reanimó y salió de la tumba en una condición debilitada.

RESPUESTA

Esta teoría no es verídica porque:

- ✑ Jesús hubiera tenido que sobrevivir a la pérdida enorme de sangre, a la tortura y a una puñalada en el costado.

- ✑ Los soldados romanos, bien familiarizados con la crucifixión, hubieran fallado en sus deberes. Además, si los soldados hubieran fallado, hubieran recibido la pena de muerte.

- ✑ Los soldados romanos quebraron las piernas de los dos criminales que crucificaron junto a Jesús, para acelerar su muerte. Si Jesús todavía hubiera estado vivo, le hubieran hecho lo mismo a él.

- ✑ Hubo testigos que vieron que, cuando apuñalaron a Jesús en el costado, se derramó agua mezclada con sangre, lo cual indica médicamente que Jesús ya había muerto.

- ✑ Nadie cuestionó si Jesús estaba vivo o muerto mientras preparaban su cuerpo y lo envolvían por completo en lino. ¡Todos los testigos oculares de su muerte se hubieran equivocado!

- ✑ A pesar de que soportó las heridas en la espalda, en el costado, en los pies y las manos, Jesús hubiera tenido que rodar la piedra (lo cual por lo general requeriría de varios hombres para lograrlo), escabullirse entre cuatro o más soldados y luego caminar varios kilómetros en el camino a Emaús. Según los estudios de tumbas del primer siglo, es probable que la tumba estuviera sellada por una piedra de dos mil libras, la cual se rodaba y encajaba en un riel inclinado, lo cual hubiera imposibilitado que una sola persona la moviera desde el interior de la tumba.

- ✑ Es probable que hubiera un registro o un testigo de que Jesús murió en un momento posterior, pero no hay ninguno.

El Dr. Alexander Metherell, médico e investigador científico, comenta sobre esta teoría y dice: «Después de sufrir ese horrible abuso, con toda la catastrófica pérdida de sangre y el trauma, se hubiera visto tan lamentable que los discípulos nunca lo hubieran aclamado como un victorioso conquistador de la muerte; hubieran sentido lástima de él y hubieran tratado de cuidarlo hasta que recuperara la salud»[12].

TEORÍA #3

Se robaron el cuerpo de Jesús

Los discípulos de Jesús llegaron por la noche y se robaron el cuerpo de Jesús para afirmar que había resucitado.

RESPUESTA

Esta teoría no es verdad porque:

➤ El Evangelio de Mateo, así como los escritos de los primeros cristianos como Justino Mártir y Tertuliano, sugieren que los oponentes de Jesús explicaron la tumba vacía con una historia que se difundió ampliamente, de que los discípulos llegaron de noche y se robaron el cuerpo de Jesús mientras los guardias dormían (Mateo 28:13-15). Mateo dice que esta teoría del encubrimiento era una mentira y que los sacerdotes y los ancianos sobornaron a los soldados para mantener la verdad en secreto. ¡Se les dijo qué decir! ¿Y cómo podrían los soldados saber que los discípulos robaron el cuerpo de Jesús si todos estaban dormidos?

➤ Los enemigos de Jesús tomaron varias medidas para evitar que los discípulos se robaran el cuerpo, como sellar con la piedra y proporcionar una escolta de soldados para vigilar la tumba. Los soldados que estaban en la tumba no hubieran dormido por temor a la muerte. Cuando presenciaron la tumba vacía, informaron a los líderes judíos acerca de lo que habían visto.

➤ Durante la crucifixión, los discípulos eran unos cobardes que habían abandonado a Jesús. Un discípulo, Pedro, negó que conocía a Jesús. Los discípulos no entendieron sus propósitos, ni la importancia de la resurrección. Estos hombres no tenían el valor de pasar junto a la guardia de la tumba, mover en silencio la piedra sumamente grande, asaltar la tumba y salir sin que los descubrieran.

TEORÍA #4

Todos fueron a la tumba equivocada

Cada persona que presenció la tumba vacía miró dentro de la tumba equivocada. El cuerpo de Jesús estaba en otro lugar.

RESPUESTA

Esta teoría no es verídica porque:

- Las mujeres observaron dónde habían colocado el cuerpo de Jesús apenas unos días antes.

- Después de escuchar el informe de las mujeres, Pedro y Juan corrieron a la tumba sin indicaciones de las mujeres. Es poco probable que Pedro y Juan cometieran el mismo error que las mujeres.

- Si el cuerpo de Jesús todavía hubiera estado en la tumba apropiada, sus enemigos podrían haber mostrado el cuerpo de inmediato.

- Aunque todos hubieran ido a la tumba equivocada, José de Arimatea, el dueño de la tumba, los habría rectificado.

CONCLUSIÓN

En Pentecostés, cincuenta días después de la resurrección de Jesús, Pedro se dirigió a la multitud y señaló específicamente que todos los que estaban allí sabían que Jesús de Nazaret era un hombre que Dios había acreditado con milagros, maravillas y señales (Hechos 2:22); que Jesús había sido crucificado, y que su muerte había ocurrido de acuerdo con el propósito y conocimiento previo establecidos por Dios (2:23); que David había hablado acerca de la resurrección de Jesús en los Salmos (2:25-31). Todos los que estaban allí habían sido testigos del hecho de que Jesús había sido levantado a la vida (2:32). «Dios [...] volvió a la vida [a Jesús], pues la muerte no pudo retenerlo bajo su dominio» (2:24).

Al sopesar las evidencias, queda más que claro que ellas apoyan abrumadoramente que Jesucristo ha resucitado. ¡Él ha resucitado de verdad!

Notas del Capítulo 6

1. Alexander Roberts y James Donaldson, eds., *Epistle of Ignatius to the Trallians, Early Church Fathers Ante-Nicene Fathers to A.D. 325* [Epístola de Ignacio a los tralianos, Padres de la iglesia primitiva, Padres Antenicenos hasta 325 d. C.], Vol. 1.

2. C. S. Lewis, *Mere Christianity* (New York: Macmillan-Collier, 1960), 55–56. Publicado en español como *Mero Cristianismo*.

3. Peter W. Stoner, *Science Speaks* (Chicago: Moody Press, 1969), 109. Publicado en español como *La ciencia habla*.

4. Lee Strobel, *The Case for Christ* (Grand Rapids: Zondervan), 1998. Publicado en español como *El caso de Cristo*.

5. Josephus, *The Antiquities* 20.200. Publicado en español como *Antigüedades*.

6. John W. Montgomery, *History and Christianity* [Historia y cristianismo] (Downers Grove, IL: InterVarsity Press, 1971).

7. Norman Geisler y Thomas Howe, *When Critics Ask* (Wheaton, IL: Victor, 1992). Publicado en español como *Cuando los críticos preguntan*.

8. W. M. Ramsay, *The Bearing of Recent Discovery on the Trustworthiness of the New Testament* [La pertinencia de los descubrimientos recientes para la confiabilidad del Nuevo Testamento] (Grand Rapids: Baker Book House, 1953).

9. Dr. Gary Collins, citado en Lee Strobel, *The Case for Christ* (Grand Rapids: Zondervan, 1998). Publicado en español como *El caso de Cristo*.

10. Josh D. McDowell, *The New Evidence That Demands a Verdict* (Nashville: Thomas Nelson, 1999). Publicado en español como *Nueva Evidencia que demanda un veredicto*.

11. Raymond J. Corsinii, *Encyclopedia of Psychology* [Enciclopedia de Psicología], Vol. 2 (New York: Juan Wiley and Sons, 2001).

12. Lee Strobel, *The Case for Easter* [El caso del Domingo de Resurrección] (Grand Rapids: Zondervan, 1998, 2003).

CAPÍTULO 7

Cómo nos llegaron los Evangelios

¿ Qué tan seguros podemos estar de que la historia de Jesús y su resurrección en realidad ocurrieron en la historia? ¿Qué pasaría si los autores del Nuevo Testamento, para empezar, nunca tuvieron la intención de que sus palabras se tomaran como informes confiables acerca de la vida de Jesús? ¿Qué pasaría si sus escritos contuvieran mucha más fantasía que historia?

Esas son precisamente las posibilidades que ciertos eruditos escépticos han popularizado en las últimas décadas. Los Evangelios del Nuevo Testamento, según uno de esos eruditos:

> Los escribieron de treinta y cinco a sesenta y cinco años después de la muerte de Jesús, no por personas que fueron testigos oculares, sino por personas que vivieron más adelante. [...] Después de los días de Jesús, la gente comenzó a contar historias acerca de él, con el fin de convertir a otros a la fe. [...] Las historias cambiaron con lo que hoy nos parecería un abandono imprudente. Las modificaron, amplificaron y embellecieron. Y, en ocasiones, las inventaron[1].

Otro erudito de la religión afirma que «los Evangelios no son, ni nunca tuvieron la intención de ser, documentos históricos de la vida de Jesús»[2].

Uno de estos eruditos incluso compara la difusión de las historias acerca de Jesús con el «teléfono descompuesto», el juego infantil en el cual una persona de un círculo susurra una oración a otra, y esa persona susurra lo que escucha a la siguiente, y así sucesivamente, alrededor de las personas que forman el círculo. Al final, la primera persona y la última revelan sus oraciones, y todos se ríen de cuánto cambió la oración entre el primer comunicador y el último. Así es como este escéptico en particular describe el desarrollo de las historias acerca de Jesús:

> Imagine que juega al «teléfono descompuesto» [...] a lo largo y ancho de la extensión del Imperio romano (¡unos 4000 kilómetros de ancho!), con miles de participantes de diferentes orígenes, con diferentes preocupaciones y en diferentes contextos. [...] Las historias que se basan en relatos de testigos oculares no son necesariamente confiables, y lo mismo es cierto cien veces

con los relatos que, aunque provengan de informes de testigos oculares, han estado en circulación oral mucho después del hecho[3].

Ahora bien, es cierto que varios años se interponen entre la vida de Jesús y los primeros textos sobrevivientes que se escribieron acerca de él. Las cartas de Pablo a los Gálatas y a los Tesalonicenses son algunos de los primeros escritos del Nuevo Testamento, después de todo, y esas cartas se escribieron alrededor del año 50 d. C. Lo que eso significa es que hay dos décadas entre el momento en que Pablo escribió sus primeras cartas y los días en que Jesús caminó y habló con sus discípulos[4]. Los Evangelios del Nuevo Testamento se escribieron incluso después de las cartas de Pablo, en algún momento entre el año 60 y el 100 d. C.

Sin embargo, lo que veremos cuando examinemos los textos del Nuevo Testamento en sus contextos culturales es que las suposiciones escépticas acerca de estos textos se desmoronan con rapidez. De hecho, las tradiciones del Nuevo Testamento se remontan a testimonios confiables de testigos confiables, no a un antiguo juego de teléfono descompuesto que salió mal.

HISTORIAS ORALES

Suponga que hoy usted necesita recordar una lista de artículos. ¿Cómo se asegurará de no olvidar ninguno de los artículos de su lista?

Tal vez use una pluma fuente para escribir cada artículo en un diario; o tal vez tome un bolígrafo y garabatee la lista en la palma de su mano. Si está más inclinado a usar la tecnología, quizás le dé un toquecito a su lista de tareas pendientes en su teléfono inteligente. Las herramientas precisas pueden cambiar, pero el patrón sigue siendo el mismo: en la cultura occidental contemporánea, si necesitamos recordar algo, lo escribimos. A lo largo del último medio milenio, las civilizaciones que tienen sus raíces en Europa han desarrollado una profunda dependencia de la lectura y la escritura para recordar. Hoy en día, esta dependencia de la escritura se ha fusionado con las nuevas tecnologías, de manera que las historias saltan casi instantáneamente de los testimonios de testigos oculares a las palabras escritas. Momentos después de que ocurre un acontecimiento, los informes de primera mano y las especulaciones de segunda mano ya son tendencia en las redes sociales. A la mañana siguiente, la historia ha inundado las portadas de todos los periódicos y de las noticias en las páginas de Internet. En unas pocas semanas, los libros impresos en masa acerca del acontecimiento ascienden en la lista de los más vendidos del *New York Times*.

Si usted ha pasado toda su vida en una cultura como esta, donde la información corre con rapidez de las experiencias personales a los informes escritos, es fácil suponer que las historias no pueden circular de manera confiable por mucho tiempo a menos que estén escritas. Es por eso que algunos cristianos se preocupan por la confiabilidad de los Evangelios cuando los escépticos señalan que estos libros se escribieron décadas después de la muerte de Jesús.

El problema con las afirmaciones de los escépticos es que ellos tratan de meter a la fuerza una cultura antigua en el molde de las expectativas modernas. A diferencia de la mayoría de nosotros, los primeros cristianos no vivían en una cultura de escritura y alfabetización generalizadas. Vivían en una *cultura oral*. En las antiguas culturas orales, no era necesario que las experiencias se escribieran de inmediato en forma literaria. Las personas de estos contextos eran capaces de contar testimonios orales de manera confiable a lo largo de décadas, sin escribirlos jamás. ¡Criticar los testimonios de las antiguas culturas orales porque no se escribieron tan rápido como los escribiríamos hoy es como criticar a George Washington porque nunca voló en un avión! Es esperar que las personas de hace mucho tiempo y en otra cultura sigan patrones que no surgieron hasta cientos de años después.

LA CULTURA ORAL

La cultura oral es aquella en la cual las historias y los recuerdos se traen a la memoria y se cuentan, principalmente, a través de palabras habladas en lugar de palabras escritas.

Entonces, ¿por qué las personas del primer siglo d. C. dependían tanto de los testimonios orales?

La dependencia de los testimonios orales en el primer siglo se debió, en parte, al analfabetismo generalizado. Menos de la mitad de la gente del Imperio romano sabía leer; aún menos eran capaces de escribir[5]. Las historias orales, los testimonios de la verdad que se expresaban verbalmente, se memorizaban y se compartían en las comunidades durante la vida de los testigos oculares, eran formas de información mucho más fructíferas para las personas que no sabían leer ni escribir[6]. ¿Y qué impidió que esas historias orales degeneraran en un juego de teléfono descompuesto en todo el imperio?[7]

> ✂ **Las personas de las culturas orales eran capaces de recordar y repetir historias orales con precisión.**

En la cultura oral de los primeros cristianos, a muchas personas se les entrenaba desde la infancia para que memorizaran bibliotecas enteras de leyes e historias, poesía y canciones[8]. Los patrones rítmicos y los recursos mnemotécnicos se entretejían en las historias orales para que los estudiantes pudieran convertir con rapidez los testimonios orales en recuerdos permanentes[9]. Dios actuó a través de ese modelo cultural para preservar las verdades que leemos hoy en el Nuevo Testamento. Es por eso que una brecha entre los informes orales y los registros escritos no era una causa significativa de preocupación entre los primeros cristianos.

✺ Las comunidades cristianas trabajaban juntas para mantener las historias orales fieles a sus fuentes.

Las historias orales no las preservaron personas aisladas; se conservaron en comunidades. Eso fue especialmente cierto en lo que respecta a los primeros testimonios acerca de Jesús. Ser cristiano en el primer siglo era vivir inmerso en una congregación de creyentes. Las historias de Jesús se memorizaron y contaron en el contexto de una estrecha comunidad de fe. Si el relato de una historia por parte de un miembro malinterpretaba el testimonio original, otros miembros de la comunidad podían corregir con rapidez el error[10].

✺ Los testigos oculares mantuvieron los testimonios relacionados con los acontecimientos originales.

Las primeras comunidades cristianas no fueron los únicos controles que mantuvieron los testimonios sobre Jesús vinculados a la verdad histórica. A lo largo de las décadas que separaron el ministerio terrenal de Jesús de la redacción del Nuevo Testamento, todavía circulaban en las iglesias testigos oculares del Señor Jesús resucitado[11]. Si los testimonios embellecidos hubieran comenzado a multiplicarse entre los primeros cristianos, los testigos oculares podían reducir las falsedades y reafirmar la verdad sobre los acontecimientos[12].

¿CAMBIARON LOS TESTIMONIOS?

Entonces, ¿las historias orales acerca de Jesús «se modificaron, ampliaron y embellecieron» a lo largo de los años, como afirman los eruditos escépticos?

De ningún modo.

De hecho, las evidencias del primer siglo d. C. muestran que los testimonios acerca de Jesús permanecieron extraordinariamente estables a medida que se extendían por todo el Imperio romano. Echemos un vistazo a una de las cartas de Pablo para observar evidencias claras de la confiabilidad de las historias orales. Cuando Pablo incluyó uno de esos testimonios en una carta a los corintios, introdujo el testimonio diciendo: «Os declaro [...] el evangelio que os he predicado. [...] Porque primeramente os he enseñado lo que asimismo recibí» (1 Corintios 15:1-3, RVR60) [13]. En otras palabras: «Estoy a punto de decir de nuevo lo que dije cuando estaba con ustedes, y recuerden, ¡lo que les dije en ese entonces no fue algo que inventé! Fue lo que recibí de personas que conocían los hechos de primera mano». Luego Pablo procedió a recitar el testimonio que previamente les había contado: «Cristo murió por nuestros pecados tal como dicen las Escrituras. Fue enterrado y al tercer día fue levantado de los muertos, tal como dicen las Escrituras. Lo vio Pedro y luego lo vieron los Doce. Más tarde, lo vieron más de quinientos de sus seguidores a la vez. [...] Luego lo vio Santiago, y después lo vieron los apóstoles» (1 Corintios 15:3-7).

Entonces, ¿cuándo oyó Pablo por primera vez esta historia oral? Muy probablemente la oyó de Simón Pedro, poco después de que Pablo confiara en Jesús (Gálatas 1:18).

¿Y cuándo les había enseñado Pablo ese testimonio a los corintios? Eso sucedió cuatro o cinco años antes de que registrara estas palabras en su primera carta a la iglesia de Corinto. La proclamación que Pablo hizo del evangelio en Corinto ocurrió en el año 50, y escribió 1 Corintios desde la ciudad de Éfeso, alrededor del año 54 d. C. (Hechos 18:1–19:22; 1 Corintios 16:8, 19).

Ahora bien, consideremos con cuidado lo que este texto revela acerca de las historias orales del primer siglo: Pablo registró el testimonio en una carta a los corintios, al menos cuatro años después de que les enseñó por primera vez esta historia oral. Si Pablo hubiera alterado ese testimonio entre el momento en que enseñó por primera vez a los corintios y el momento en que escribió su carta, los miembros de la iglesia de Corinto hubieran notado los cambios. ¡Pero Pablo no había modificado su mensaje en lo más mínimo! El testimonio que registró en su primera carta a los corintios era idéntico al

APÓSTOL

Proviene del griego *apostolos*, «enviado», «comisionado», un testigo de la resurrección de Jesucristo (Hechos 1:22) y receptor de sus enseñanzas (Efesios 3:5), comisionado para salvaguardar el evangelio y aplicar las enseñanzas de Jesús en las iglesias. Ocasionalmente se aplica más ampliamente a personas enviadas a una misión (Hechos 14:4, 14).

testimonio que les había enseñado años antes, y era el mismo mensaje que Pablo repetía ciudad tras ciudad mientras recorría el Imperio romano.

Y entonces, ¿es cierto, como lo han afirmado los escépticos, que las enseñanzas y los testimonios acerca de Jesús «se modificaron con lo que hoy nos parecería un abandono imprudente»?[14] No, por lo que podemos decir del testimonio de esta carta de Pablo a los corintios. Cuando Pablo dictó el testimonio que está registrado en 1 Corintios 15:3-7, repitió palabras que eran idénticas a las que les había enseñado a los corintios años antes. No hay razón para pensar que otros testimonios que llegaron a ser parte del Nuevo Testamento hayan circulado de una manera menos confiable que este.

Sí, dos décadas se interponen entre la cruz de Jesús y los primeros registros acerca de Jesús que sobreviven, pero eso no quiere decir que los testimonios acerca de Jesús hayan sido destrozados, de alguna manera, sin posibilidad de recuperación. En esta carta de Pablo a los corintios hay evidencia clara de que los autores del Nuevo Testamento repitieron y escribieron los mismos testimonios que recibieron. Cuando compusieron las cartas y los Evangelios, esos autores se basaron en una rica gama de testimonios orales y enseñanzas de personas que habían visto al Señor resucitado[15]. A veces, recitaban testimonios precisos que sus lectores ya conocían (1 Corintios 11:23-25; 15:3-7). En otras ocasiones, aplicaban las enseñanzas de Jesús sin citarlas palabra por palabra (Romanos 14:14; 1 Corintios 7:10-11; 9:14), pero no hay pruebas sustanciales de que los autores del Nuevo Testamento hubieran fabricado las palabras y obras de Jesús.

¿QUÉ PASÓ CON LOS AUTÓGRAFOS?

Los manuscritos originales de la Biblia, en su forma final, son conocidos como *autógrafos*. Los autógrafos del Nuevo Testamento se hicieron polvo hace muchos siglos, pero hay alguna evidencia de que los autógrafos podrían haber sobrevivido, al menos, hasta el final del segundo siglo. Alrededor del año 180 d. C., Tertuliano de Cartago escribió: «Tú que estás listo para ejercitar tu curiosidad [...] corre a las iglesias apostólicas [...] donde se leen sus propios escritos auténticos»[37]. «Escritos auténticos» puede referirse a los documentos originales que los apóstoles enviaron, en especial puesto que Tertuliano continúa esta declaración mencionando las ciudades específicas a las que los apóstoles del primer siglo enviaron sus epístolas.

CÓMO SE ESCRIBIERON LOS EVANGELIOS

Pero ¿qué sucedió una vez que los apóstoles y los testigos oculares comenzaron a fallecer? ¿Cómo se preservaron los testimonios acerca de Jesús? ¿Y qué impidió que esos testimonios degeneraran en mitos y leyendas?

La respuesta se encuentra en los cuatro Evangelios del Nuevo Testamento.

Cada uno de los cuatro Evangelios del Nuevo Testamento se escribió durante las vidas de los testigos oculares, y el testimonio de ellos se remonta a encuentros de primera mano con Jesús mismo[16]. He aquí un informe de un cristiano del segundo siglo llamado Ireneo de Lyon, acerca de los orígenes de cada Evangelio:

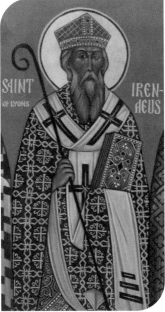

Ireneo de Lyon

> Mateo publicó su Evangelio entre los hebreos en su propio idioma, en tanto que Pedro y Pablo predicaban y fundaban la iglesia en Roma. Después de su partida, Marcos, el discípulo y traductor de Pedro, nos transmitió por escrito aquellas cosas que Pedro predicó. Lucas, el asistente de Pablo, registró en un libro el evangelio que Pablo declaró. Después, Juan, el discípulo del Señor, quien se apoyó en el costado del Señor, publicó su Evangelio cuando vivía en Éfeso, en Asia[17].

Si Ireneo recordaba correctamente los orígenes de los Evangelios, el apóstol Mateo escribió su Evangelio mientras Pedro y Pablo estaban en Roma. Pablo predicó el evangelio en Roma mientras estaba bajo arresto domiciliario a principios de los años 60 d. C. (Hechos 28:11-31); eso significaría que el Evangelio de Mateo se escribió más o menos treinta años después de los primeros informes de la resurrección de Jesús. Unos pocos años después de que Pablo predicara en Roma, el emperador Nerón dijo que los cristianos habían iniciado un incendio que quemó gran parte de Roma. En la persecución que siguió, Pedro y Pablo fueron ejecutados por su fe. El Evangelio según Marcos, el cual se basó en el testimonio como testigo ocular del apóstol Pedro, se publicó poco después de los martirios de Pedro y Pablo («su partida», en palabras de Ireneo). Eso fija el evangelio de Marcos a mediados de los años 60 d. C.

En cuanto a los orígenes del Evangelio de Mateo, hay un pequeño enigma en todo esto. Según los líderes de la iglesia como Ireneo, el Evangelio según Mateo se compuso en el idioma del pueblo hebreo, arameo muy probablemente, antes de la redacción del Evangelio de Marcos. Aun así, ¡la versión del Evangelio de Mateo que sobrevive hoy está escrita en griego e incorpora la mayor parte del Evangelio de Marcos! Este hecho plantea un par de preguntas importantes sobre los orígenes del Evangelio de Mateo: ¿Qué le pasó a la versión aramea de Mateo? ¿Y cómo acabó tanto del contenido del Evangelio de Marcos en el Evangelio de Mateo? Una posibilidad es que el Evangelio según Mateo se publicara en dos ediciones: una versión aramea que se ha perdido y una versión griega que fusionó el evangelio de Marcos con una edición griega del evangelio de Mateo[18].

Lucas, el evangelista, nunca tuvo un encuentro en persona con Jesús, pero, como compañero de viaje de Pablo, conoció a personas que habían visto y escuchado personalmente a Jesús[19]. En algún momento de la segunda mitad del primer siglo, Lucas elaboró un evangelio con los testimonios de estos «testigos oculares, los primeros discípulos» (Lucas 1:1-3). Al igual que Mateo, parece que Lucas usó el Evangelio de Marcos como marco para su narración. A diferencia de Mateo y Marcos, Lucas no detuvo su historia con las apariciones posteriores a la resurrección de Jesús. El Evangelio de Lucas fue el primer volumen de una historia en dos partes, la cual él continuó en los Hechos de los Apóstoles[20].

El autor del cuarto Evangelio fue uno de los últimos testigos oculares de la vida de Jesús que vivió. Juan se había apoyado sobre el costado de Jesús; había visto morir a su Salvador; y había desayunado en la orilla del lago junto al Señor resucitado (Juan 13:23; 19:35; 21:24). En las últimas décadas del primer siglo, Juan registró sus recuerdos de la vida de Jesús en un Evangelio. Así como los apóstoles Pedro y Pablo trabajaron con secretarios para escribir sus cartas, es muy probable que los evangelistas, como Juan, también hayan trabajado junto con secretarios y escribas para escribir sus obras.

Desde el momento en que se escribía un texto apostólico, era considerado autoritativo (2 Tesalonicenses 2:15; 3:14)[21]. A más tardar en la segunda mitad del primer siglo, los apóstoles y los testigos oculares ya categorizaban los escritos de los demás como «Escritura» (2 Pedro 3:15-16). Una vez que fallecieron los últimos testigos oculares, no se aceptaron más escritos como autoritativos, porque no podían surgir más testimonios de testigos de la resurrección comisionados por Cristo.

En todo esto, el Espíritu de Cristo estuvo activo e inspiró a los autores apostólicos y salvaguardó las palabras de esos autores y sus secretarios. Hoy en día todavía confiamos en esos textos porque, en palabras de Sinclair Ferguson, creemos que «el Padre no le miente a su Hijo. El Hijo no le miente al Espíritu. El Espíritu no les mintió a los apóstoles [...] y los apóstoles no nos minticron»[22]. En cada uno de esos textos, Jesucristo sigue siendo el foco central; la meta no es nada menos que una reorientación completa de nuestras vidas hacia el reino de Dios en Cristo.

¿Fue como el juego de teléfono descompuesto? No, y sí

Entonces, ¿circularon los primeros testimonios acerca de Jesús como un juego de teléfono descompuesto en todo el imperio? ¿Son testimonios confiables los relatos del Nuevo Testamento? ¿O son fragmentos destrozados de verdad, mezclados con décadas de mito y leyenda? Cada evidencia que sobrevive hoy en día sugiere que esos testimonios permanecieron notablemente estables a medida que se multiplicaban a lo largo y ancho del Imperio romano. Y de esa manera, en cierto sentido, la difusión de los primeros testimonios acerca de Jesús no se pareció en nada al juego de teléfono descompuesto.

Pero hay un sentido en el cual la difusión de esos testimonios fue exactamente como un juego de teléfono descompuesto. El desenlace al final de una ronda de teléfono descompuesto se da cuando la persona que compartió la primera oración compara el mensaje original con el mensaje que surgió al final. El mensaje que se abrió paso alrededor del círculo se puede corregir porque la persona con la cual se originó el mensaje todavía está presente en el círculo.

Eso es precisamente lo que sucedió con las historias orales que se abrieron camino en el Nuevo Testamento. Si algún testimonio se desviaba de la verdad, se podía corregir el testimonio porque los testigos oculares todavía transitaban entre las iglesias. Incluso, cuando las palabras finales del Nuevo Testamento se colocaron en papiro a finales del primer siglo d. C., por lo menos un par de testigos oculares seguían vivos[23]. Nunca hubo un momento en el cual las tradiciones que llegaron a ser parte del Nuevo Testamento circularan como historias orales sin que hubiera testigos oculares vivos disponibles «en el círculo» que corrigieran cualquier falsedad.

LAS PRIMERAS BIBLIOTECAS DE LA IGLESIA

Imagine que usted es seguidor de Jesús en algún momento de los primeros dos siglos de la historia de la iglesia. Ha decidido confiarle su vida a una deidad que, según los testimonios que se le han enseñado, inauguró el reino de Dios en la tierra al morir en una cruz y resucitar de entre los muertos. Usted está plenamente consciente de que un emperador podría, en cualquier momento, renovar las persecuciones que comenzaron hace décadas. Y, sin embargo, en esa secta despreciada conocida como «cristianos», usted ha encontrado gracia y paz como nunca antes había experimentado. Por medio del bautismo, ha hecho un convenio con otros creyentes; el Dios de ellos ha llegado a ser su Dios, y el destino de ellos, cualquiera que sea, se ha convertido en su destino. Ahora, usted desea con fervor aprender todo lo que pueda acerca de Jesús, ese hombre que también era Dios.

Pero ¿cómo?

Después de todo, no hay librerías cristianas en su mercado local. Incluso, si pudiera comprar un pergamino que contuviera las enseñanzas de Jesús, no le serviría de mucho. Al igual que la mayoría de los hombres y las mujeres del Imperio romano, usted no sabe leer ni escribir. Sin fácil acceso a los escritos acerca de Jesús, ¿cómo puede aprender lo que su Salvador dijo e hizo?

Claro, usted interactuaría con las personas de su iglesia y escucharía testimonios de creyentes anteriores, pero la mayor parte de su conocimiento acerca de Jesús tomaría forma cada semana, a medida que escuchara a un creyente que supiera leer y escribir las Escrituras en voz alta.

«En el día que se llama domingo —escribió un cristiano llamado Justino en el segundo siglo—, hay una reunión [...] y los recuerdos de los apóstoles, o los escritos de los profetas, se leen siempre que el tiempo lo permita»[24].

Al principio, los cristianos leían de rollos durante esas reuniones semanales, pero ese formato cambió con rapidez. A más tardar a principios del segundo siglo, otro tipo de manuscrito reemplazó a los

Antiguo estante para libros medieval que contiene códices

rollos en las iglesias: las hojas de papiro comenzaron a apilarse, doblarse y encuadernarse para formar el *códice*, el antepasado del libro moderno[25].

Los códices ya eran populares antes del inicio del cristianismo, pero, antes de que aparecieran los cristianos, los códices se usaban principalmente para cuadernos legales y libros de texto de medicina. En algún momento del primer siglo o a principios del segundo, los cristianos comenzaron a copiar en cuadernos de códice en lugar de los pergaminos enrollados[26].

Estas copias de las Escrituras eran tan valiosas que las primeras iglesias mantenían bibliotecas mucho antes de que poseyeran edificios. Si usted hubiera sido cristiano durante los primeros siglos de la historia de la iglesia, su congregación hubiera guardado copias de las Escrituras en un *armarion*, un gabinete especial con estantes apropiados que contenían rollos y códices. Esos gabinetes eran accesorios comunes en las sinagogas judías y, tal vez, en los hogares de los romanos ricos[27]. Es probable que el gabinete de su iglesia hubiera permanecido en la casa en la cual su congregación se reunía cada semana. En ocasiones, los cristianos viajaban y llevaban consigo sus rollos y códices. Cuando lo hacían, empacaban sus libros en una *capsa*, una mochila hecha de trozos delgados de madera de haya, los cuales pegados formaban un cilindro[28].

Para mediados del segundo siglo, el gabinete de su iglesia probablemente hubiera contenido los cuatro Evangelios, los Hechos de los Apóstoles, las cartas de Pablo, por lo menos una carta de Juan y, tal vez, una carta de Pedro y otra escrita por Santiago. Estos escritos se recibieron universalmente como textos que transmitían la verdad del nuevo pacto de Dios, pero también podría haber habido algunos escritos cuyo prestigio era menos seguro. Su gabinete podría haber contenido una serie de visiones que afirmaban provenir de Simón Pedro, por ejemplo, o un libro que circuló bajo el título de *El pastor*. Por lo menos algunos cristianos tenían reservas en cuanto al Apocalipsis de Juan, a la Epístola de Judas y a la segunda epístola que se le atribuye a Pedro; la Carta a los Hebreos todavía se desconocía en algunas regiones.

Los cristianos creían que Dios estaba inspirando nuevos escritos para su pueblo del nuevo pacto, pero ¿cómo podían determinar con certeza qué escritos provenían de Dios y cuáles no?

Si un texto contradecía enseñanzas que se sabía que provenían de Jesús o de los apóstoles, la solución era fácil: el texto no debía recibirse en las iglesias en absoluto. Pero ¿qué pasa con los textos cuya autoría era incierta o los que llegaron después de la época de los testigos oculares apostólicos? ¿Qué debían hacer las iglesias con esos escritos?

POR QUÉ LOS CRISTIANOS CONSERVARON LOS LIBROS QUE CONSERVARON

Según ciertos escépticos de hoy en día, pasaron tres siglos o más antes de que los cristianos determinaran qué escritos recibir y cuáles rechazar. Hasta ese momento, afirman los escépticos, no había consenso en cuanto a qué escritos tenían autoridad. Cuando los cristianos finalmente llegaron a un consenso en el siglo IV o V, lo que los motivó no fue la preservación del testimonio veraz acerca de Jesús. Más bien, los cristianos optaron por quedarse con los textos que conservaban y suprimir otros para preservar el poder político de la iglesia.

Pero hay un problema con esas afirmaciones escépticas. El problema es que los documentos que sobreviven de los primeros siglos del cristianismo revelan una historia diferente. Incluso en las primeras décadas de la historia cristiana, ya existía un estándar definido para discernir qué textos cristianos tenían autoridad, y no era una decisión aleatoria y arbitraria ni un juego de poder político. A partir del primer siglo d. C. en adelante, las palabras de los testigos oculares comisionados por Cristo se recibieron como las palabras de Cristo mismo, y sus escritos fueron reconocidos como autoritativos casi desde el momento en que fueron escritos[29].

Es más, un canon central de textos indiscutibles (los cuatro Evangelios, Hechos, los escritos de Pablo y al menos la Primera Epístola de Juan) estaba bien establecido en las iglesias a más tardar en el segundo siglo. A otros escritos les tomó más tiempo para llegar a ser conocidos[30], y los cristianos debatieron la autenticidad de unos cuantos textos. Y, sin embargo, con el tiempo, los cristianos concluyeron juntos que un total de veintisiete libros, los textos que hoy conocemos como «el Nuevo Testamento», se podían remontar al testimonio apostólico del primer siglo d. C.

Incluso en el primer siglo d. C., el testimonio que provenía de testigos oculares apostólicos del Señor resucitado se consideraba excepcionalmente autoritativo. Cuando los apóstoles y sus colaboradores comenzaron a escribir, sus interpretaciones escritas del evangelio eran tan autoritativas como sus instrucciones habladas. «Si alguno no obedece a lo que decimos por medio de esta carta —dijo Pablo en su carta a los tesalonicenses—, a ese señaladlo, y no os juntéis con él» (2 Tesalonicenses 3:14 RVR60). Antes del cierre del primer siglo, los cristianos ya se referían a los escritos de Pablo como «Escrituras» (2 Pedro 3:15-16), y Pablo mismo citó palabras que se convertirían en parte del Evangelio de Lucas como «Escritura» (Lucas 10:7; 1 Timoteo 5:18). Los cristianos no estaban de acuerdo en cuanto a si algunos textos del Nuevo Testamento podían rastrearse claramente a testigos oculares apostólicos, pero desde el principio hubo un estándar claro.

Incluso mientras se escribían los libros del Nuevo Testamento, las palabras de las personas que vieron y siguieron al Señor resucitado, específicamente, las palabras y los escritos de los apóstoles, tenían un peso especial en las iglesias (ver Hechos 1:21-26; 15:6–16:5; 1 Corintios 4–5; 9:1-12; Gálatas 1:1-12; 1 Tesalonicenses. 5:26-27). Después de la muerte de los apóstoles, los cristianos siguieron apreciando el testimonio de los testigos oculares y de sus allegados. Alrededor del año 110 d. C., Papías de Hierápolis lo expresó de la siguiente manera: «Entonces, si alguien que había servido a los ancianos venía, le preguntaba con detalle acerca de sus dichos: lo que Andrés o Pedro dijeron, o lo que dijo Felipe, o Tomás, o Santiago, o Juan, o Mateo o cualquier otro de los seguidores del Señor»[31]. Las personas con más probabilidades de saber la verdad acerca de Jesús eran las que habían tenido un encuentro personal con Jesús, o los allegados cercanos de esos testigos. Aunque los cristianos discutieron algunos escritos durante siglos, lo que impulsó sus decisiones sobre qué escritos recibieron como autoritativos fue algo mucho más grande que las maquinaciones políticas. Su objetivo, desde el principio, fue recibir los libros que pudieran estar claramente conectados con testigos oculares del Señor resucitado.

EL CANON

Proviene del griego *kanon*, «vara de medir». El canon se refiere a los textos religiosos que son autoritativos para los miembros de esa religión en particular. Por lo menos diecinueve de los libros del Nuevo Testamento fueron aceptados como autoritativos desde los siglos primero y segundo d. C. Esa lista de libros incuestionables incluía los cuatro Evangelios, los Hechos de los Apóstoles, las trece cartas de Pablo y la primera carta que se le atribuye a Juan. Incluso, si el Nuevo Testamento hubiera incluido solo estos libros, cada doctrina cristiana esencial permanecería intacta. Con el tiempo, los cristianos reconocieron que Hebreos, Santiago, 1 y 2 Pedro, 2 y 3 Juan, Judas y Apocalipsis también podían estar conectados con testigos oculares de la era apostólica.

Los cuatro Evangelios

Solo cuatro Evangelios, los que conocemos como los Evangelios según Mateo, Marcos, Lucas y Juan, podían estar claramente conectados con relatos de primera mano del Señor resucitado.

EVANGELIO	AUTOR
MATEO	Mateo, apóstol y testigo ocular del Señor resucitado (Mateo 9:9; 10:3; Hechos 1:13).
MARCOS	Marcos, compañero de viaje y traductor de Simón Pedro (1 Pedro 5:13). «Marcos, en su calidad de intérprete de Pedro, escribió con precisión tanto como recordaba» (Papías de Hierápolis, segundo siglo).
LUCAS	Lucas, compañero de viaje de Pablo (Colosenses 4:14; 2 Timoteo 4:11). «Lucas, el asistente de Pablo, registró en un libro el evangelio que Pablo declaró» (Ireneo de Lyon, segundo siglo).
JUAN	Juan, apóstol y testigo ocular del Señor resucitado (Mateo 4:21; 10:2; Hechos 1:13).

Cada uno de los Evangelios del Nuevo Testamento se escribió en el primer siglo d. C., en un período en que los testigos oculares del ministerio de Jesús todavía estaban vivos. Además, es posible encontrar evidencias de una conciencia generalizada entre los cristianos de los siglos primero y segundo de que estos evangelios representaban el testimonio de testigos oculares.

➤ Papías de Hierápolis, líder de la iglesia en el área geográfica que hoy en día se conoce como Turquía, nació en la época en que se escribían los Evangelios y fue amigo de las cuatro hijas de Felipe que se mencionan en Hechos 21:9[32]. Él recibió su información sobre los dos primeros Evangelios del Nuevo Testamento de la primera generación de cristianos. Según Papías, la fuente principal del Evangelio de Mateo fue el testimonio de Mateo, un seguidor de Jesús y excobrador de impuestos (Mateo 9:9). Papías también escribió que el autor del Evangelio de

Marcos había sido traductor de Pedro cuando Pedro predicaba en las iglesias primitivas. Como tal, lo que Marcos registró en su Evangelio fue el testimonio de Pedro mismo [33].

San Marcos le escribe al dictado de San Pedro por Pasquale Ottini

❧ En un documento de finales del segundo siglo, conocido como el fragmento muratoriano, un líder de la iglesia informa que el Evangelio de Lucas provino de Lucas, el médico que viajó con el apóstol Pablo[34]. El fragmento muratoriano también deja claro que el apóstol Juan era la fuente del Evangelio que lleva el nombre de Juan.

❧ En la segunda mitad del segundo siglo, otro líder de la iglesia, Ireneo de Lyon, informó que había recibido esas mismas tradiciones en cuanto a los cuatro Evangelios de parte de los cristianos de los siglos primero y segundo[35]. En la época de Ireneo, los Evangelios del Nuevo Testamento ya eran una colección establecida de cuatro: «Los Evangelios no podían ser ni más ni menos en número de lo que son. [...] La Palabra misma [...] nos dio el evangelio, cuádruple en forma, pero unido por un solo Espíritu»[36].

Ningún concilio u obispo eclesiástico creó el canon del Nuevo Testamento; más bien, los cristianos reconocieron y recibieron un canon que Dios creó. Ese canon fue exhalado por Dios cuando los testigos oculares comisionados por Cristo y sus allegados cercanos escribieron los libros del Nuevo Testamento. Un consenso unánime surgió no más tarde que el segundo siglo con respecto a los cuatro Evangelios, Hechos, las cartas de Pablo y, por lo menos, la Primera Carta de Juan. Para finales del cuarto siglo, los cristianos habían llegado a la conclusión de que veintisiete textos, los mismos textos que todavía se encuentran en su Nuevo Testamento hoy en día, se remontan a testigos oculares apostólicos y a sus allegados.

Para ver en profundidad cómo se escribieron todos los libros de la Biblia, ver *How We Got the Bible* [Cómo obtuvimos la Biblia] por Timothy Paul Jones (Rose Publishing, 2015). Este capítulo es una adaptación de *How We Got the Bible*.

Notas del Capítulo 7

1   Bart Ehrman, *Peter, Paul, and Mary Magdalene* (Nueva York: Oxford University Press, 2006), 259. Publicado en español como *Simón Pedro, Pablo de Tarso y María Magdalena*. Bart Ehrman y William Lane Craig, «Is There Historical Evidence for the Resurrection of Jesus?» [¿Hay evidencia histórica de la resurrección de Jesús?] (28 de marzo, 2006): página accedida el 1 de agosto del 2006, http://www.holycross.edu/departments/crec/website/resurrection-debate-transcript.pdf.

2   Reza Aslan, *Zealot* (Nueva York: Random House, 2013), xxv–xxvi. Publicado en español como *El zelote*. Ver también Stephen Patterson, *The God of Jesus* [El Dios de Jesús] (Nueva York: Bloomsbury, 1998), 214. Por supuesto que la mayoría estaría de acuerdo en que los Evangelios del Nuevo Testamento no son «historia», si ese término se define estrictamente de acuerdo con un género literario grecorromano en particular; una amplia gama de eruditos está de acuerdo en que los Evangelios del Nuevo Testamento son subtipos dentro de la categoría literaria más amplia de biografías («vida»). Sin embargo, la cuestión aquí no es principalmente de género literario; es de si los Evangelios del Nuevo Testamento informaron con precisión los acontecimientos reales de la historia. Cabe señalar que las diferencias significativas separan la perspectiva de Bart Ehrman sobre la historicidad de los Evangelios del Nuevo Testamento (como documentos con valor histórico que se originaron en la proclamación profética de Jesús, un profeta judío del primer siglo que anunció un inminente reino divino, que anticipó un Hijo del Hombre que pronto vendría y cuyos seguidores creían que había resucitado de entre los muertos) del tratamiento algo más selectivo y escéptico de Reza Aslan que concluye que Jesús fue crucificado como un zelote judío; estas dos perspectivas disienten de Stephen Patterson, quien descarta la historicidad de los Evangelios del Nuevo Testamento y ubica el significado de la vida y las enseñanzas de Jesús en las experiencias continuas de la comunidad de Cristo, en las que hubo una «resucitación de esperanza», lo cual ocurrió por medio de la creencia de la comunidad de que Jesús había estado en lo correcto en cuanto a la naturaleza de Dios (*The God of Jesus* [El Dios de Jesús], 239). Sin embargo, lo que cada uno de estos eruditos comparte es un rechazo de la fiabilidad de los Evangelios del Nuevo Testamento, en el informe de los Evangelios de fenómenos tales como los milagros y la resurrección física de Jesús.

3   Bart Ehrman, *Jesus: Apocalyptic Prophet of the New Millennium* (Nueva York: Oxford University Press, 1999), 47, 52. Publicado en español como *Jesús: El profeta judío apocalíptico*. Ver también Bart Ehrman, *Jesus, Interrupted* [Jesús, interrumpido] (Nueva York: HarperOne, 2009), 146–147.

4   Para las fechas de la correspondencia gálata y tesalonicense, ver Andreas Köstenberger, et al., *The Cradle, the Cross, and the Crown* [La cuna, la cruz y la corona] (Nashville: B & H, 2009), 413–418, y, Leon Morris, *The Epistles of Paul to the Thessalonians* [Las epístolas de Pablo a los Tesalonicenses] (Grand Rapids: Eerdmans, 1984), 21.

5   Para un cálculo de las antiguas tasas de alfabetización y discusiones sobre el impacto del analfabetismo en los modos de comunicación, ver William Harris, *Ancient Literacy* [Alfabetismo antiguo] (Cambridge: Harvard University Press, 1989), 326–331; Catherine Hezser, *Jewish Literacy in Roman Palestine* [Alfabetismo judío en la Palestina romana] (Tübingen: Mohr-Siebeck, 2001); Tony Lentz, *Orality and Literacy in Hellenic Greece* [Oralidad y alfabetismo en la Grecia helénica] (Carbondale: Southern Illinois University Press, 1989), 77; Teresa Morgan, *Literate Education in the Hellenistic and Roman Worlds* [Educación alfabetizada en los mundos helenístico y romano] (Cambridge: Cambridge University Press, 1999). En cuanto a una perspectiva más optimista acerca del alfabetismo antiguo, ver A. R. Millard, *Reading and Writing in the Time of Jesus* [Lectura y escritura en la época de Jesús] (Nueva York: New York University Press, 2000), 154–185. Los escritos de Josefo sugieren que, incluso en una sociedad en gran parte analfabeta, los niños judíos por lo menos aprendían a leer las Escrituras hebreas: «καὶ γράμματα παιδεύειν ἐκέλευσεν τὰ περὶ τοὺς νόμους καὶ τῶν προγόνων τὰς πράξεις ἐπίστασθαι, τὰς μὲν ἵνα μιμῶνται, τοῖς δ᾽ ἵνα συντρεφόμενοι μήτε παραβαίνωσι μήτε σκῆψιν γνοίας ἔχωσι [enseñarles a leer los preceptos de la ley y los hechos de nuestros mayores. Esto para que sean impulsados a su imitación, aprendiéndolos desde la infancia, y para que más adelante no se atrevan a violar la ley ni puedan presentar como excusa que la ignoraban]» (*Contra Apión*, 2:204). Aun así, incluso entre las clases grecorromanas alfabetizadas, los registros escritos se consideraban con frecuencia complementarios a las narraciones memorizadas. «Por mi parte —comentó un antiguo orador—, creo que no debemos escribir nada que no tengamos la intención de memorizar». Para más referencias, ver Samuel Byrskog, *Story as History—History as Story* [La historia como un relato—el relato como una historia] (Leiden: Brill, 2002) 116–117.

6   El término «historia oral» debe distinguirse de «tradición oral». «Historia oral» se refiere a testimonios memorizados que circulan mientras los testigos oculares de los acontecimientos aún están vivos y accesibles; «tradición oral» se refiere a la circulación de esos testimonios después de que los testigos oculares ya no son accesibles (Jan Vansina, *Oral Tradition as History* [Madison: University of Wisconsin Press, 1985], 28–29. Publicado en español como *La tradición oral*. Las historias orales que se incorporaron al Nuevo Testamento nunca se convirtieron en tradiciones orales; las historias orales se convirtieron en registros escritos mientras los testigos oculares de los acontecimientos originales todavía eran accesibles, estaban vivos y transitaban entre las iglesias del primer siglo.

7   Es totalmente concebible, aunque no seguro, que los primeros cristianos también hayan registrado esos testimonios en tablillas de cera, en cuadernos u otras formas escritas que no han sobrevivido. En un contexto grecorromano del primer siglo, Quintiliano proporcionó recomendaciones en cuanto a cómo tomar notas en los discursos, e incluso recomendó un cuaderno para ese propósito (*Instituciones oratorias*, 10:3; 11:2). En cuanto a la interdependencia de

la oralidad y el alfabetismo en contextos judíos, ver Martin Jaffee, *Torah in the Mouth* [La Torá en la boca] (Nueva York: Oxford University Press, 2001).

8 Anthony le Donne, *Historical Jesus* [El Jesús histórico] (Grand Rapids: Eerdmans, 2011), 70.

9 Walter Ong, *Orality and Literacy*, 2.ª edición (Nueva York: Routledge, 2002), 34. Publicado en Español como *Oralidad y escritura*.

10 En cuanto a la comunidad como responsable de mantener la estabilidad de las historias orales y en cuanto a los recursos mnemotécnicos como ayudas para las memorizaciones, ver Richard Bauckham, *Jesus and the Eyewitnesses* [Jesús y los testigos presenciales] (Grand Rapids: Eerdmans, 2006), 249–250; Michael Bird, *The Gospel of the Lord* [El evangelio del Señor] (Grand Rapids: Eerdmans, 2014), 40–42, 79–90; Jan Vansina, *Oral Tradition as History* (Madison: University of Wisconsin Press, 1985), 31. Publicado en español como *La tradición oral*. Kenneth Bailey sostenía que las historias orales de la vida y las enseñanzas de Jesús se transmitieron por medio de una «tradición informal controlada», en la cual la comunidad en su conjunto limitó la fluidez de la proclamación original, incluso cuando el mensaje original se aplicó y adaptó en una variedad de circunstancias de la vida («Informal Controlled Oral Tradition and the Synoptic Gospels» [Tradición oral informal controlada y los Evangelios sinópticos], en *Themelios* 20 [enero 1995]: 4–11). Sin descartar la útil base que Bailey y Bauckham han proporcionado, Michael Bird ha ofrecido una modificación más matizada, basándose en el trabajo de James Dunn, a la cual ha denominado: «Jesús en la memoria social» (*The Gospel of the Lord* [Grand Rapids: Eerdmans, 2014], 95–111).

11 Richard Bauckham, *Jesus and the Eyewitnesses* [Jesús y los testigos presenciales] (Grand Rapids: Eerdmans, 2006), 290–318; Michael Bird, *The Gospel of the Lord* [El evangelio del Señor] (Grand Rapids: Eerdmans, 2014), 48–62.

12 Es probable que la población total de cristianos en el Imperio romano durante esa época haya sido de menos de diez mil. El sociólogo Rodney Stark estima alrededor de 7530 cristianos en el Imperio romano (0,0126% de la población total) a finales del primer siglo d. C. (*The Rise of Christianity* [Princeton: Princeton University Press, 1996], 3–9. Publicado en español como *La expansión del cristianismo*). Con una población total tan pequeña de cristianos concentrados en unas pocas ciudades, es totalmente concebible que los testigos oculares que circulaban entre las iglesias pudieran reducir de manera efectiva las invenciones en las historias orales y en los testimonios acerca de Jesús.

13 Los verbos griegos que se traducen como «he enseñado» y «recibí» en este texto eran términos técnicos que típicamente introducían testimonios o tradiciones memorizadas (J. L. Bailey y Lyle Vander Broek, *Literary Forms in the New Testament* {Formas literarias en el Nuevo Testamento} [Louisville: WJK, 1992], 84). Al combinar estas dos palabras, el apóstol preparaba a sus lectores para escuchar una historia oral que ya conocían.

14 Ehrman, *Peter, Paul, and Mary Magdalene*, 259. Publicado en español como *Simón Pedro, Pablo de Tarso y María Magdalena*

15 Pablo se basó con regularidad en enseñanzas de Jesús compartidas y conocidas, muchas de las cuales, con el tiempo, se incorporaron a los Evangelios del Nuevo Testamento. Ver, p. ej., Romanos 14:14 = Marcos 7:19; 1 Corintios 7:10-11 = Marcos 10:11/Mateo 5:32; 19:9/Lucas 16:16; 1 Corintios 9:14 = Mateo 10:10/Lucas 10:7; 1 Corintios 11:23-25 = Marcos 14:22-24/Mateo 26:26-28/Lucas 22:19-20; 1 Timoteo 5:18 = Lucas 10:7.

16 «El Evangelio de Marcos se escribió durante la vida de muchos de los testigos oculares, en tanto que los otros tres Evangelios canónicos se escribieron en el período en que los testigos oculares vivos estaban llegando a ser escasos, exactamente en el momento en que su testimonio perecería con ellos si no se ponía por escrito», Richard Bauckham, *Jesus and the Eyewitnesses* [Jesús y los testigos oculares] (Grand Rapids: Eerdmans, 2006), 7.

17 Ireneo de Lyon, como se informa en Eusebio de Cesarea, *Historia eclesiástica*, 5:8:2–4. En cuanto a una discusión de la relación de este texto con Policarpo de Esmirna a través de Ireneo, ver Richard Bauckham, *Jesus and the Eyewitnesses* [Jesús y los testigos oculares] (Grand Rapids: Eerdmans, 2006), 35. Considero que los informes de Ireneo representan un testimonio confiable que tal vez se originó con Policarpo. Otras interpretaciones para el término «partida», además del martirio, son posibles, pero un circunloquio para la muerte de los apóstoles sigue siendo la interpretación más plausible. El informe de Clemente de Alejandría (que se reporta en *Historia eclesiástica*, 2:15–16) de que Pedro aprobó el Evangelio de Marcos no necesariamente contradice el informe de Ireneo, de que el Evangelio según Marcos fue transmitido después de la muerte de Pedro; Ireneo no afirmó que Marcos hubiera compuesto el libro después de la muerte de Pedro, solo que se difundió después de la muerte de Pedro.

18 La práctica de publicar un texto en dos idiomas, en dos versiones distintas, sin contradecirse entre sí, no era desconocida en el primer siglo d. C. Josefo escribió dos historias de la guerra judío-romana, una en arameo y la otra en griego. Similar al Evangelio de Mateo, solo la versión griega logró suficiente circulación para sobrevivir hasta el día de hoy. El libro apócrifo de Tobías fue publicado de manera similar en ediciones griega, hebrea y aramea. En cuanto a consideraciones relacionadas con múltiples versiones de Mateo, ver Martin Hengel, *The Four Gospels and the One Gospel of Jesus Christ* [Los cuatro Evangelios y el único evangelio de Jesucristo] (Londres: SCM, 2000), 74. En cuanto a las formas variantes de Tobit, ver Adolf Neubauer, *The Book of Tobit* [El Libro de Tobit] (Eugene: Wipf y Stock, 2005). En cuanto a la flexibilidad de las antiguas nociones de «traducción», ver George Kennedy, «Classical and Christian Source Criticism» [La crítica de fuentes clásica y cristiana], en *The Relationships Among the Gospels* [La relación entre los Evangelios], ed. W. O. Walker (San Antonio: Trinity University Press, 1978), 144.

19   En cuanto a Lucas como compañero de viaje de Pablo, ver Colosenses 4:14; 2 Timoteo 4:11; y Filemón 1:24, así como los pronombres en primera persona plural de Hechos 16:10-17, 20:5-15, 21:1-18, y 27:1–28:16.

20   Una presentación detallada de las teorías de las fuentes de los Evangelios sinópticos está más allá del alcance de este libro. En cuanto a una introducción a las posibilidades primarias, ver Andreas Kostenberger, et al., *The Cradle, the Cross, and the Crown* [La cuna, la cruz y la corona] (Nashville: B & H, 2009), 159–173. La hipótesis de Farrer-Goulder (Marcos como el Evangelio más antiguo en forma actual, y que Lucas usó tanto Marcos como Mateo), con la adición de una edición aramea del Evangelio según Mateo, cronológicamente anterior al Evangelio de Marcos, podría explicar tanto la interdependencia de los Evangelios sinópticos como los testimonios de los líderes de la iglesia primitiva en cuanto a los orígenes de los Evangelios.

21   Para más información, ver Michael Kruger, *The Question of Canon* [La cuestión del canon] (Downers Grove: InterVarsity, 2013), 67–76.

22   Sinclair Ferguson, «Inerrancy and Pneumatology» [Inerrancia y neumatología], Cumbre del Master's Seminary: Sesión 15 (marzo del 2015).

23   Papías de Hierápolis, quien escribió en la primera mitad del segundo siglo sobre lo que experimentó cerca del cierre del primer siglo, se refirió a «Aristión y Juan el anciano» como testigos oculares vivos; al parecer, Andrés, Pedro, Felipe, Tomás, Santiago, el apóstol Juan, Mateo y otros discípulos habían fallecido, aunque los colaboradores cercanos de esos testigos oculares todavía estaban vivos y transitaban entre las iglesias (Eusebio de Caesarea, *Historia eclesiástica*, 3:39:3–4; ver el análisis en Richard Bauckham, *Jesus and the Eyewitnesses* {Jesús y los testigos presenciales} [Grand Rapids: Eerdmans, 2006], 15–38).

24   Justino Mártir, *Primera apología*, 65–67.

25   Martin Hengel, *The Four Gospels and the One Gospel of Jesus Christ* [Los cuatro Evangelios y el único evangelio de Jesucristo] (Harrisburg: Trinity Press, 2000), 116–118.

26   H. Y. Gamble, *Books and Readers in the Early Church* [Los libros y los lectores de la iglesia primitiva] (New Haven: Yale University Press, 1995), 58–66. En cuanto a perspectivas complementarias y alternativas, ver Martin Hengel, *The Four Gospels and the One Gospel of Jesus Christ* [Los cuatro Evangelios y el único evangelio de Jesucristo] (Harrisburg: Trinity, 2000), 118–120; Peter Katz, «The Early Christians' Use of Codices Instead of Rolls» [El uso de los primeros cristianos de códices en lugar de rollos], en *Journal of Theological Studies* [Revista de estudios teológicos] 44 (1945); T. C. Skeat, «The Origin of the Christian Codex» [El origen del códice cristiano], *Zeitschrift für Papyrologie und Epigraphik* [Revista de papirología y epigrafía] 102 (1994): 263-268; David Trobisch, *The First Edition of the New Testament* [La primera edición del Nuevo Testamento] (Nueva York: Oxford University Press, 2000), 19–24, 69–71.

27   Martin Hengel, *Studies in the Gospel of Mark* [Estudios en el Evangelio de Marcos] (Eugene: Wipf and Stock, 2003) 77–84; L. L. Juanson, *The Hellenistic and Roman Library* [La biblioteca helenística y romana] (Tesis doctoral, Brown University, 1984); Mary Pages, *Ancient Greek and Roman Libraries* [Las antiguas bibliotecas griegas y romanas] (Tesis de maestría, Catholic University of America, 1963); H. G. Snyder, *Teachers and Texts in the Ancient World* [Maestros y textos del mundo antiguo] (Nueva York: Routledge, 2002), 178.

28   En cuanto al uso cristiano de la *capsa*, ver *Martirio de los santos escilitanos*, 12: «Quae sunt res in capsa vestra?» [¿Qué lleváis en esa caja?]. En cuanto a la composición de la *capsa*, ver Plinio el Anciano, *Historia natural*, 16:43 (84). La *capsa* también se conocía como el *scrinium* (Marcial, *Epigramas*, 1:3).

29   Michael Kruger, *The Question of Canon* [La cuestión del Canon] (Downers Grove: InterVarsity, 2013), 70.

30   Hebreos, Santiago, 1 Pedro, 2 Pedro y 3 Juan quizás eran desconocidos para el autor del fragmento muratoriano (un documento de finales del segundo siglo, probablemente originario de Roma), aunque es posible que 2 y 3 Juan se hayan contado como un solo texto, y que Santiago y 1 Pedro se hayan incluido originalmente, pero se retiraron debido a un error del copista. G. M. Hahneman, a pesar de que, erróneamente según creo, fecha el fragmento muratoriano en el cuarto siglo, reconoce que es probable que Santiago y 1 Pedro hayan estado presentes en el documento original que ahora se conoce como el fragmento muratoriano (*The Muratorian Fragment and the Development of the Canon* {El fragmento muratoriano y el desarrollo del canon} [Oxford: Clarendon, 1992], 181).

31   Citado en Eusebio de Cesarea, *Historia eclesiástica*, 3:39

32   Según Eusebio, de estas profetisas fue que Papías recibió algunas historias acerca de los apóstoles (Eusebio de Cesarea, *Historia eclesiástica*, 3:39).

33   Eusebio, *Historia eclesiástica*, 3:39.

34   «Tertium euangelii librum secundum Lucam. Lucas iste medicus post ascensum Christi cum eum Paulus quasi itineris sui socium secum adsumsisset nomine suo ex opinione conscripsit—Dominum tamen nec ipse uidit in carne— et idem prout assequi potuit: ita et a nativitate Iohannis incepit dicere. Quarti euangeliorum Iohannis ex discipulis [El tercer libro del evangelio: según Lucas. Después de la ascensión de Cristo, Lucas el médico, el cual Pablo había llevado consigo como experto jurídico, escribió en su propio nombre concordando con la opinión de {Pablo}. Sin embargo, él mismo nunca vio al Señor en la carne y, por lo tanto, según pudo seguir..., empezó a contarlo desde el nacimiento de Juan. El cuarto evangelio es de Juan, uno de los discípulos.]» (adaptado del latín original).

35   Eusebio de Cesarea, *Historia eclesiástica*, 5:8.

36   Ireneo de Lyon, *Contra las herejías*, 3:11:8; en cuanto a Ireneo como estudiante de Policarpo, ver Eusebio de Cesarea, *Historia eclesiástica*, 5:20.

37 Tertuliano de Cartago, *Prescripciones contra todas las herejías*, 36: «Age iam, qui uoles curiositatem melius exercere in negotio salutis tuae, percurre ecclesias apostolicas apud quas ipsae adhuc cathedrae apostolorum suis locis praesident, apud quas ipsae authenticae litterae eorum recitantur sonantes uocem et repraesentantes faciem uniuscuiusque [Ea pues, tú que quieres ejercitar mejor la curiosidad en el asunto de tu salvación, recorre las iglesias apostólicas, en las que todavía presiden en su sitio las cátedras mismas de los Apóstoles, en las que se recitan sus mismas cartas auténticas, haciendo resonar la voz de cada uno y volviendo a hacer presente su rostro]».

FOTOS E ILUSTRACIONES

Imágenes utilizadas bajo licencia de Shutterstock.com:
Carlos E. Santa Maria, portada, página 55; Dmitry Pistrov, portada, 48; Anneka, portada; Mordechai Meiri, portada, 47; Maksim Shmeljov, 5, 73, 129; Art Stocker, 6; Ulkastudio, 7; Renata Sedmakova, 9, 11, 15, 19, 23, 76 (parte inferior), 81, 82, 90; Hitdelight, 10; LimitedFont, 24; p.Lightning, 31, 95; Sogno Lucido, 32; Sojourner87, 33; JekLi, 36; MeSamong, 42; Fausto Renda, 43; Juan Theodor, 44; stockcreations, 46; Imfoto, 53, 115; MikhailSh, 54; vesilvio, 80; Zvonimir Atletic, 83; cge2010, 91; Botond Horvath, 104; Sopotnicki, 106; Photosebia, 116; giedrius_b, 117; mountainpix, 118; thanasus, 120; Konstantin Yolshin, 121; Rachata Sinthopachakul, 122; Thoom, 123; Jacob_09, GoneWithTheWind, 124; Brady Leavell, 126; tomertu, 127; ben bryant, 130.

Mapa por Michael Schmeling www.aridocean.com, página 67.

La imagen de la portada principal utilizada bajo licencia de Lightstock.com: LUMO-The Gospels for the visual age [Los evangelios para la era visual].